Betty P. Malz

Er gab, worum ich bat

Betty P. Malz

Er gab, worum ich bat

ASAPH VERLAG

Titel der amerikanischen Originalausgabe:
Prayers that are answered

Aus dem Amerikanischen übersetzt.

3. Auflage 2001 (1. ASAPH-Auflage)

Umschlaggestaltung: IMAGE Grafik-Design, D-Landsberg
Druck: Schönbach-Druck, D-Erzhausen

ISBN 3-931025-83-7
Bestell-Nr. 147583

Printed in Germany
Für kostenlose Informationen über unser umfangreiches Lieferprogramm an christlicher Literatur, Musik und vielem mehr wenden Sie sich bitte an:

ASAPH, D-58478 Lüdenscheid
Email: ASAPH@T-Online.de – Internet: www.asaph.net

Inhaltsverzeichnis

1

GEBET UM EINEN LEBENSGEFÄHRTEN

Die Fahrt über den Dammweg vom Strand zum Festland verlief ruhig. Die stattlichen, königlichen Palmen stachen scharf gegen den blaßroten Abendhimmel Floridas ab. Die braungebrannten und müden Touristen waren schon vor einiger Zeit zurückgefahren, um sich in ihre Motels zurückzuziehen; der übliche Feierabendverkehr war verstummt.

Die Freude, einen neuen Thunderbird zu fahren, war wieder dem ständigen Schmerz, der durch den Verlust meines Mannes ausgelöst worden war, gewichen. Wie lange war es jetzt her? Zweieinhalb Jahre. Meine Erinnerungen waren immer noch lebendig, starke Gefühlsregungen ließen mir keine Ruhe. Tief im Innern spürte ich eine entsetzliche Leere, die mir den Atem nahm.

Meine zweijährige Tochter April war auf meinem Schoß eingeschlafen, ihr kleiner Kopf mit dem blonden Flachshaar schwitzte an der Haut meiner Beine. Brenda, 14 Jahre alt und langbeinig wie ein Fohlen, schlummerte auf ihrem Sitz, ihr Kopf lehnte teils an der seitlichen Fensterscheibe, teils auf dem Sitzpolster.

Während ich die landschaftlich schöne Küstenstrecke entlangfuhr, kämpfte ich darum, meine Gedanken und Gefühle zur Ruhe zu bringen, und versuchte, den Tag zu überdenken. Die Kinder und ich hatten mit unserem Motorboot „Betty Lynn“ eine kurze Fahrt in die Bucht unternommen. Vor zehn Jahren hatte uns der Cousin meines Großvaters, ein pensionierter Bootsbauer, das Boot gebaut. Wir strichen es dann narzissengelb an, und John, mein Mann, benannte es nach den Personen, die er am meisten liebte: Nach mir und Brenda Lynn.

Das Boot ins Wasser zu lassen war für die beiden Mädchen und mich immer äußerst schwierig, und so wurden unsere Bootsausflüge immer seltener. Die heutige Fahrt durch die Bucht war nur kurz. Der Wind hatte aufgefrischt, und die Küstenwache befahl allen kleinen Schiffen, an den Strand zurückzukehren.

April hatte schweigend ins Wasser gestarrt, das tiefgrün an der Seite des Bootes quirlte. Plötzlich wandte sie sich an mich: „Mama, wo ist denn mein Name?"

Ich wußte, was sie meinte, und versuchte ihr zu erklären, daß ihr Vati nach einer Herzoperation vier Monate vor ihrer Geburt gestorben war. Sonst würde das Boot wahrscheinlich „Betty-Lynn-April" heißen.

Nachdem das Boot wieder festgemacht war, gingen wir den Strand hinunter, um Eis zu essen. Während April ihre Schokoladeneiswaffel aß, zog sie in ihrer lustigen Art die Aufmerksamkeit auf sich. Mit ihrem lila Bikini und der über die Stirn geschobenen Sonnenbrille sah sie aus wie ein Filmstar. Brenda leckte genüßlich an ihrer rosa Eiskugel, während ich eine Portion Mokka-Schokolade-Mandel leckte, äußerlich über meine beiden Sprößlinge lächelnd, innerlich aber weinend. Sogar in dieser glücklichen Menschenmenge fühlte ich mich einsam.

Als wir eben zur Eisdiele hinausgehen wollten, entdeckten Aprils Adleraugen eines jener Schaukelpferde, in die man einen Cent für einen kurzen Ritt einwerfen muß. Ich schaute in meiner Börse nach, stellte fest, daß ich außer Scheinen nur ein 50 Cent Stück hatte, und schüttelte den Kopf. Ich meinte, ihr die Situation klargemacht zu haben, und wir gingen auf die Tür zu. Plötzlich faßte sie nach einem Mann und ergriff ihn bei der Hand.

„Mami ist pleite", sagte sie kläglich. „Sie hat keinen Cent mehr, damit ich auf dem Pferdchen reiten kann. Gibste mir einen?" Ich war gedemütigt, aber April bekam das Geldstück.

Minuten später spazierten wir am Strand entlang. April hüpfte vor Brenda und mir her. Unvermittelt bückte sie sich, streckte ihre kleine Rückseite, mit einem Rüschenhöschen verziert, in die Luft und berührte die Schulter eines bronzefarbenen, ölbedeckten Adonis, der alle Viere von sich gestreckt hatte und in der Sonne schmorte. „Willste mein Papi sein?" fragte sie. „Ich habe keinen."

Wir erreichten gerade den Schauplatz der Tragödie, als sich die Frau des Adonis aus ihrer liegenden Stellung erhob um eine Erklärung zu fordern. Meine Tochter hatte es mal wieder geschafft.

Die gleiche Szene hatte sich am Sonntag zuvor ereignet, als wir eben die Kirche verlassen wollten. April krabbelte auf den Schoß eines ernst aussehenden älteren Herrn, der auf einem Stuhl in unserer Nähe saß, berührte sein strenges Gesicht und bat zärtlich: „Willste mein Papi sein?" Die Frage zerriß mein Herz.

Als wir in die Einfahrt einbogen, bewegten sich die Wedel der beiden Palmen, als wollten sie uns einen Willkommensgruß zuwinken. Im Haus gab ich den zwei Mädchen noch ein Glas Milch, hörte ihren Gebeten zu und steckte sie mit einem Gutenachtkuß ins Bett. Dann ging ich durch mein Schlafzimmer ins Bad. Groll begann in mir aufzusteigen. Wie lange sollte dieses Alleinsein noch dauern? Das Bett mit dem kirschroten Vorhang schien noch trostloser als sonst zu sein. Vierzehn Jahre lang die Erfüllung Johns und meiner Liebe, rief es nun bittersüße Erinnerungen hervor, die ich endlich hinter mir lassen wollte.

Während ich in die Badewanne stieg, kämpften in mir zwei Parteien mit Argumenten gegeneinander. Die Leute haben recht: Ich will für die Mädchen und in Erinnerung an John leben. Mein Verstand bestätigt das, aber mein Körper sagt, daß ich erst 34 bin und mich nach körperlicher Liebe sehne. Das warme Bad gab mir ein wenig Trost, als ich mein Gesicht im Badetuch verbarg und weinte. Ich weinte wirklich, zum ersten Mal seit dem Tod meines Mannes. Die Furcht, nie wieder starke Arme um mich zu spüren, warme Lippen, die mir einen Gutenachtkuß gaben, oder nie wieder die Geborgenheit zu erleben, wenn man nach einem geschäftigen Tag in ein ,,Kopfkissengespräch" vertieft ist, war unerträglich.

Ich verlor das Zeitgefühl. Eingetaucht in der Wanne, badete ich mich in Selbstmitleid. Ich hörte den Klang meiner eigenen Stimme gedämpft, wehklagend betend: ,,O Gott, mein himmlischer Vater, im Namen deines Sohnes Jesus bitte ich dich, suche doch irgendwo auf dieser Welt einen Gefährten für mich und schicke ihn zu mir."

Plötzlich — ich kann Ihnen nicht sagen, ob es eine innere Stimme war, eine drahtlose Botschaft vom Himmel oder ob ein Engel mir zuflüsterte — empfand ich eine stille, deutliche und klare Gewißheit: ,,In jedem Augenblick deines Lebens kannst du ein Gebet sprechen, das Kräfte in Bewegung setzt, die dein ganzes Leben verändern."

Ich wurde wieder munter und schaute auf die Uhr: Es war bereits 10. Ich hatte fast zwei Stunden im Bad gesessen. Das Wasser war abgekühlt, ich fing an zu bibbern. Die Hoffnung, daß mein Gebet beantwortet würde, gab mir die Energie, aus der Wanne zu steigen, mich abzutrocknen, in mein Nachthemd zu schlüpfen und zu Bett zu gehen.

Gebet war also der Schlüssel. Vor Jahren hatte ich Jesus gebeten, als Herr in mein Leben zu kommen. Er hatte die Last meiner Sünde weggenommen, mir Vergebung durch seine Liebe und ein Ziel fürs Leben geschenkt. Wenn es Gottes Wille war, würde Er mir auch einen neuen Lebensgefährten schicken.

Dann kam ein anderer Gedanke. Bevor mein Gebet um einen Lebensgefährten erhört werden konnte, müßte ich mich verändern. Denn Männer würden sich kaum zu mir hingezogen fühlen, wenn ich weiter an meinem depressiven Selbstmitleid festhielt. Männer mögen Frauen, die fröhlich sind, die eine freudige und warme Atmosphäre schaffen, in der sie sich wohlfühlen können. Was für ein großes Werk hatte Gott an mir noch zu tun!

Während ich in ruhigem Gebet auf meinem Bett lag und die milden Strahlen des Mondes sich über meine Decke ergossen, kamen die Erinnerungen. Jede Einzelheit meines außerordentlichen Erlebnisses vor fast neun Jahren kehrte wieder zurück.

Damals war mein Blinddarm durchgebrochen. In der Folge bekam ich eine Bauchfellentzündung. Ich lag viele Tage im Koma mit Lungenentzündung und Schock. Und dann setzten meine körperlichen Funktionen aus. Herzschlag und Atmung hörten auf. Vom Krankenhaus aus wurden mein Mann und meine Eltern angerufen und von meinem Tod unterrichtet. Mein Vater kam als erster. An der Tür des Krankenzimmers wurde er von einer Krankenschwester empfangen, die ihn zu meinem Bett führte, auf dem ich leblos lag, mit einem Laken bedeckt. Alle Apparaturen, die mich zuvor am Leben erhalten hatten, waren entfernt worden.

Währenddessen schritt ich auf einen wunderschönen grünen Hügel zu und folgte einem strahlenden, gelben Licht; an meiner Seite ging ein großer Engel. Wir hielten außerhalb einer ummauerten Stadt. Die Tore verschwanden, und ich sah eine Erscheinung, deren Licht mich mit reinigenden, heilenden Kräften durchflutete.

Ich sah Lichtstrahlen, die von der Erde zum Himmel aufstiegen, kraftvolle, gerade Strahlen, die unmittelbar in den Thronraum hineinleuchteten, dorthin, wo ich ein mächtiges Licht spürte, die Quelle aller Energie und schöpferischen Kraft. Ich sah Gebete. Ich hörte Gebete. Dann bemerkte ich einen Strahl aufsteigenden Gebets in Form von Licht und hörte die Stimme meines irdischen Vaters, der nur ein Wort sagte: „Jesus."

Ich kehrte um mit dem Gefühl, als würde ich in einem Lift abwärts fahren. Das Hospital erschien wieder, und ich wurde in das Zimmer 336 hineingezogen. Dann fluteten Sonnenstrahlen durch das Zimmer über mein Bett. Im Zentrum eines Strahls standen elfenbeinfarbene Buchstaben mit den Worten: „Ich bin die Auferstehung und das Leben; wer an mich glaubt, wird leben, ob er gleich stürbe“ (Joh. 11, 25).

Als ich meine Hand ausstreckte, um die Worte Jesu zu berühren, fiel das Laken von meinem Gesicht herunter, Leben floß durch meine Finger und Arme in meinen Leib. Ich setzte mich aufrecht vor meinen weinenden Vater hin. Zwei Tage später kam ich nach Hause.

Nach dieser Erfahrung hatte ich keine Todesfurcht mehr, auch nicht für meinen Ehemann, der dreieinhalb Jahre später heimging. Tod bedeutet nichts als eine Veränderung des Ortes. Aber ich begann die Zukunft meines irdischen Lebens zu fürchten, wenn ich ohne einen Lebensgefährten bleiben sollte.

Das lange Sitzen in dem kalten Badewasser schien den Schlaf zu verzögern. Während ich mich im Bett herumwarf, fiel mir ein Satz, den meine Großmutter oft gebraucht hatte, wieder ein: „Für jede Eva gibt es einen Adam.“ Gott schuf, so steht es im 1. Buch Mose, Adam, um mit ihm Gemeinschaft zu haben. Adam liebte Gott, aber er sehnte sich trotzdem nach einer ihm gleichen Person, um mit ihr den Garten Eden zu teilen. Daraufhin gab Gott ihm Eva. Auch ich liebte Gott und meine Kinder, und deshalb war mein Bedürfnis nach einem Gefährten nicht weniger legitim.

Gebet, so machte ich mir klar, würde mir Schloß und Schlüssel werden. Gebet würde mich nachts sicher einschließen und würde mein Schlüssel sein, jeden Tag der Zukunft aufzuschließen.

Am nächsten Morgen, einem Sonntag, wachte ich sehr früh auf. „Was soll ich an diesem Morgen tun?“ betete ich. In unserer Kirche stand ein Pastorenwechsel bevor, und ich hatte keine Lust hinzugehen. Der Kandidat, der an diesem Tag die Predigt halten sollte, schien zu jung und unerfahren.

Doch meine innere Stimme blieb beharrlich. Ich sollte gehen. Seufzend weckte ich meine Töchter, und wir fuhren schließlich zu dem cremefarbenen Gebäude im spanischen Stil, das in den vergangenen zwei Jahren meine Heimatkirche geworden war.

Der junge Kandidat für das Pastorat lächelte aufmunternd in die Gemeinde und sagte: „Ich bin Gary Chapin. Wenn ich euer Pastor werde, will ich versuchen, euch ein Hirte und Freund zu sein. Ich werde meine Predigtthemen nicht ankündigen, aber jede Woche viel Zeit im Gebet verbringen, damit Gott mir eure Bedürfnisse zeigen und die richtigen Worte geben kann, sie zu stillen. Gestern abend um 10 Uhr hat Gott mein Thema für diesen Morgen geändert. Der neue Titel heißt: ‚Selbstmitleid ist Sünde.' Wenn du dich in deinem Selbstmitleid gebadet hast, auch aus einem legitimen Grunde, geh nach Hause und schreibe diese Worte — Selbstmitleid ist Sünde — in Druckschrift auf eine Karte und hefte sie über deinen Spiegel, an den Schreibtisch, an den Kühlschrank oder neben dein Telefon — an einen Platz, wo du sie oft siehst."

Dann fing er an, über Hiob zu sprechen. „Als Hiob zu jammern begann, wurde Gottes Stimme einen Ton schärfer: ‚Hiob, steh auf aus der Asche deiner verbrannten Hoffnung, auf der du gesessen hast.' Dann kam ein Wirbelwind und blies die Asche unter Hiob fort. Als er nichts mehr hatte, worauf er sich setzen konnte, mußte er aufstehen. Hiobs Fall war nicht hoffnungslos", stellte der Prediger fest. „Gott führt uns nie in eine Sackgasse. Es ist unmöglich, Gott ins Antlitz zu schauen und zu sagen: ‚Unmöglich.'

Einige von euch haben es nötig, aufzustehen und einen klareren Blick für die Zukunft zu bekommen, nicht für die Vergangenheit. Steht auf den Zehenspitzen eures Glaubens, eurer Hoffnung, eures Gebetes. Als Hiob genau das tat, belohnte ihn Gott mit dem Doppelten all des Guten, das er vor seiner Leidenszeit gehabt hatte."

Ich saß voller Erstaunen da. Liebte Gott mich so sehr, daß er auf übernatürliche Weise den Pastor bewegte, seine Predigt auf ein Thema umzustellen, das gerade ich dringend benötigte? Gerade zu der Stunde, als dieser Pastor seine Predigt umgeändert hatte, hatte ich in der kalten Wanne meiner Verzweiflung gesessen.

„Betty, höre damit auf, dir leid zu tun; steh auf und setze dich in Bewegung!" war die Botschaft, die ich brauchte. Wenn der Strom des Lebens an einem Menschen vorüberfließt, weil er in Selbstmitleid versunken ist, dann wollte ich durch einen Willensakt meine Ichbezogenheit abschütteln und mich in den Strom des Lebens zurückbegeben.

Schon an jenem Sonntag übernahm ich freiwillig das Musikprogramm der Kirche; nach einiger Zeit wurde ich Organistin und sang auch zu besonderen Anlässen, zum Beispiel bei Hochzeiten. Das führte zu Einladungen bei Beerdigungen, die Orgel in einer Kapelle in Tarpon Springs zu spielen. Die Musik und der persönliche Trost, den ich bekümmerten Familien brachte, halfen mir, meine eigenen Sorgen zu vergessen.

Eines Morgens brachte ich April zu ihrer Wiederholungsimpfung. Der freundliche Arzt riet mir, eine zweite Ehe in Erwägung zu ziehen. „Wenn Sie nicht die richtige Person finden — oder sollte ich sagen, wenn diese Person Sie nicht findet —, sollten Sie versuchen, Ihre Töchter mit männlichen Verwandten, Nachbarn und Freunden aus ihrer Gemeinde zusammenzubringen. Ihre beiden Mädchen brauchen solche Beziehungen, um eine normale und gesunde Einstellung Männern gegenüber zu entwickeln."

Während der Heimfahrt dachte ich: ‚Wenn er nur wüßte.' Auch ich wollte den richtigen Mann finden, aber bis jetzt hatte ich nur zwei Anträge gehabt; den ersten von einem

23jährigen „Jungen". Ich hatte gedacht, er käme, um Brenda zu besuchen, bis ich erfuhr, daß er an eine Heirat mit mir dachte, um dadurch vom Wehrdienst freizukommen. Der andere Antrag kam von Bob; doppelt so alt und halb so groß wie ich. Er liebte Gott und hoffte, mich durch sein Geld zu gewinnen, mit dem er meine Rechnungen bezahlen und für ein Hausmädchen sorgen wollte, die meine Hausarbeit tun würde. Ich betete, der Herr möchte ihn zu einer Frau führen, die beides mitbrachte: seine Größe und sein Alter. Er fand sie bald darauf, und drei Monate später waren die beiden glücklich verheiratet.

Mein Vater und meine vier Brüder — Don, Jim, Marvin und Gary — verbrachten großzügig ihre Zeit mit meinen beiden Töchtern und befriedigten deren Bedürfnis nach männlicher Gesellschaft. Außerdem versuchten sie, auch meinem Gebet nachzuhelfen und mich akzeptablen Männern vorzustellen. Der erste war Kurt, ein Sänger, der sich um eine Stelle als Solist an einem kleinen Theater bewarb. Er hatte eine fantastische Stimme, und mir bereitete es Freude, für ihn die Orgel zu spielen. Der könnte es sein, dachte ich. Er sah aus wie Onkel Jesse, der Held meiner Kindheit.

Nach ein paar Wochen Proben mit ihm, erkannte ich mich kaum wieder. Ich blühte auf wie eine Rose. Wenn ich den Rasenmäher fuhr, sang ich laut und kräftig. Meine Stimme jubelte über den Lärm des Motors hinweg. Sogar im Spiegel sah ich anders aus. Kurt schickte mir sentimentale Karten, eine Schallplatte und eine Rosenknospe. Er brachte den Kindern kleine Geschenke mit, wenn er zu Besuch kam. Es war gut, sich wieder umhegt zu fühlen. Seine Aufmerksamkeit und seine Manieren waren fast zu perfekt.

Eines Abends saßen wir Händchen haltend im Dunkeln des berühmten ehrwürdigen Oslo Theaters in Sarasota. Die Sitze waren aus Mohair-Plüsch in dunklem Rot. Das schwache Aroma seines Rasierwassers war der wohltuende Vorbote eines neuen Lebens für uns beide — wie ich hoffte. In der

Pause wurde uns in einem kleinen Garten Zitronenpunsch serviert. Das Zusammensein mit Kurt vor dem Hintergrund blühender Büsche und Orchideenbäume rief in mir ein berauschendes Gefühl hervor. Die Heimfahrt, sanfte Musik im Radio, das freundliche Gespräch und der leichte Gutenachtkuß an der Tür hielten mich wach, während ich meine Phantasie spielen ließ, wie unser Zusammenleben aussehen würde.

Als ich am nächsten Nachmittag vom Einkauf heimkam, warf ich einen Blick in das Fenster eines Wäschegeschäfts. Ich ging hinein, sah mich um und kaufte ein schwarzes Spitzennachthemd. Das war mein privates Geheimnis. Ich steckte das Päckchen zwischen zwei Lebensmitteltüten und verbarg es zu Hause verträumt in meinem Schlafzimmer in der Truhe aus Zedernholz.

Wenn dies eine Illusion oder ein Traum war, wollte ich nicht aufgeweckt werden. Irgendwie blieb nach dem Theaterabend eine vage, nicht näher bestimmbare Unsicherheit zurück. Kurt war von einer merkwürdigen, feierlichen Melancholie umgeben, die ich nicht deuten konnte. Und während er in romantischer Weise aufmerksam war, empfand ich seine Berührung als zu leicht und unmännlich. Das quälte mich, und in meinen Gebeten bat ich um einen Einblick in sein Leben.

Mehrere Tage danach erhielt ich einen Anruf einer jungen Frau, die ihren Namen nicht nennen wollte. „Ich bin nur besorgt um Sie und Ihre beiden Töchter. Ich bin mit Kurt ausgegangen“, erklärte sie. „Lassen Sie sich nicht beeindrucken von seinen Umgangsformen. Tief in seinem Inneren haßt er Frauen. Er ist ein wunderbarer Partner zum Ausgehen, aber er wird nie ein zufriedenstellender Partner fürs Leben sein. Er ist homosexuell.“ Ich dankte ihr und hängte ein. Ich wollte glauben, daß er sie um meinetwillen sitzen ließ und sie nur eifersüchtig war.

Eine andere besorgte Person schickte mir folgenden Ausschnitt eines medizinischen Journals: „Oft ist es gerade der

Mann, der von vielen Frauen als etwas Besonderes bewundert wird. Er ist so aufmerksam, der perfekte Gentleman, er behandelt mich wie eine Königin, der sein galantes Benehmen dazu benutzt, um seine wahren Gefühle wie hinter einem Schleier vor dem anderen Geschlecht zu verbergen."

Ein Psychologe schrieb: „Ein Teil der sogenannten Zeichen des Respekts gegenüber Damen sind Überbleibsel aus einer respektlosen Vergangenheit. Möglicherweise ist dieser Respekt für etliche Personen unbewußt Ausdruck einer tiefen Verachtung gegenüber Frauen."

Nachdem ich wochenlang hartnäckig die Augen verschlossen hatte, machte ich sie nun endlich auf. Mein Herz hatte mir einen Streich gespielt. Kurts unmännliche Art war ein Zeichen seiner Homosexualität.

Zu der Zeit, als ich die Beziehung zu Kurt abbrach, schrieb mir meine Freundin Beulah Brasker aus Indiana einen Brief, in dem sie mir mitteilte, ihr Herz sei gebrochen. Der junge Mann, mit dem sie verlobt war, hatte sie verlassen und eine andere Frau geheiratet. Beulah schrieb, sie habe ihr Hochzeitskleid in Papier gewickelt und es in ihre Aussteuertruhe gelegt. Aus ihrer Enttäuschung heraus, hatte sie ein Gedicht der Hoffnung und Zuversicht geschrieben und eine Kopie davon dem Brief beigefügt.

In den letzten Zeilen heißt es: „Der Sohn Gottes gab für uns alle Sein Leben: Er meistert jedes meiner Probleme." Ich schloß meine Augen, und mit dem Brief und dem Gedicht auf meinem Schoß betete ich: „Himmlischer Vater, ich danke dir für die letzte Zeile von Beulahs Gedicht. Du kannst jedes meiner Probleme meistern. Die Bibel sagt: »Gott wird alle eure Bedürfnisse erfüllen.« Herr, ich brauche einen Ehemann, der den Lebensunterhalt für unsere Familie verdient, der ein Vater für meine Töchter sein kann und ein Partner für mein Leben. Ich glaube nicht, daß du mich von den Toten auferweckt hast, damit ich mich plagen soll, um gerade so durchzukommen. Ich brauche jetzt deine Hilfe."

Zuversichtlich, daß Gott irgend etwas geschehen lassen würde, zog ich April das rosa Sommerkleidchen an und fuhr zur Bank, um unsere letzten Aktien einzulösen. Als ich auf den Parkplatz der Bank einbog, quoll Rauch unter der Motorhaube des Autos hervor. Meine Füße wurden heiß von den Flammen, die plötzlich zwischen den Pedalen hervorschossen.

Voller Panik packte ich April, löste ihren Sicherheitsgurt, und wir beide ließen uns zur Tür hinaus in Sicherheit fallen. Die Feuerwehr war nur einen Häuserblock weit entfernt, und innerhalb weniger Minuten war ein Wagen da, um das Feuer zu löschen.

Einer der Feuerwehrmänner war ein langer, muskulöser Mann mit zerzaustem Haar und entwaffnendem Lachen. „Ihr Wagen ist okay", versicherte er mir. „Sagen Sie Ihrem Mann, es war ein Kabelschaden. Nicht Ihr Fehler."

Als ich ihm erklärte, mein Mann sei tot, betrachtete er mich nachdenklich, dann ließ er mich den üblichen Bericht ausfüllen. Bevor er ging, stellte er sich als Philip vor. Am Abend rief er an, um sich zu erkundigen, ob mit April und mir alles in Ordnung sei. Dann sagte er, er würde gern kommen und mich besuchen.

Als ich meinen Wagen reparieren ließ, fragte ich den Mechaniker nach dem Feuerwehrmann Philip aus. Er kannte ihn nicht so genau, meinte aber, seine Frau müsse tot sein, da die Kinder gewöhnlich bei der Großmutter waren.

Philip und ich fingen an, zusammen auszugehen. Durch seine rauhe Männlichkeit und die selbstverständliche Art, die Verantwortung zu übernehmen, fühlte ich mich stark angezogen. Aber er sprach nur ungern über sich selbst. Schließlich sagte er, er werde mir einen Brief über sich schreiben.

Das tat er auch — 24 Seiten, die seine ganze Geschichte in wahrheitsgetreuen Einzelheiten enthielten. Philip war geschieden und hatte acht Kinder. Seine Frau war ständig eifersüchtig gewesen. Einmal hatte er in einem Wutanfall den

Kühlschrank aus der Küche getragen und ihn in den Hinterhof geworfen. Seine Frau hatte schließlich die Scheidung eingereicht, und sie wurden wegen „grausamer und unmenschlicher Behandlung" geschieden. Es tat mir leid um Philip, ich unterhielt mich zwar weiter mit ihm am Telefon, erkannte aber, daß jede engere Beziehung falsch sein würde.

Ich kam mir vor wie der kleine Junge, der seinen Vater bittet, ein zerbrochenes Spielzeug zu reparieren. Als der Vater daran zu arbeiten beginnt, ist der kleine Junge dauernd mit seinen Fingerchen im Wege und will dem Vater ständig sagen, was er zu tun hat. Endlich muß ihm der Papa auf die Finger klopfen und ihn auf einen Stuhl setzen. „Junge, jetzt bleibst du ganz ruhig sitzen! Glaub mir, ich werde es in der halben Zeit fertigmachen und doppelt so gut." Mein Vater im Himmel hatte mir nun schon zweimal auf die Finger geklopft.

Wann würde Gott meine Gebete beantworten?

Monate vergingen. Akzeptable Männer kreuzten auf, aber sie mußten abgewiesen werden. Vermutlich wußten sie nicht, daß ich zwar eine noch junge Witwe war, die einen Thunderbird fuhr und in einem Haus nahe Clearwater Beach wohnte, deren Haus aber mit einer Hypothek belastet und deren schlanke Figur in erster Linie auf ein schmales Haushaltsgeld zurückzuführen war.

Ein junger Pastor, ebenfalls Witwer, hörte von mir durch einen gemeinsamen Freund. Er schrieb mir, schickte die kirchlichen Nachrichten, rief an, und seine sonore Stimme trug dazu bei, daß ich mich auf seinen Besuch freute. Bald kam er jeden Donnerstag.

Ich bereitete ihm immer ein Abendessen, schenkte seinen kleinen Buben einen kürzlich geborenen Collie-Welpen und spürte, daß die kleinen Burschen mich brauchten. Ihre Mutter war an Leukämie gestorben. Weil er Prediger war und ich Organistin, kamen wir beide zu der Überzeugung, wir würden ein gutes Team abgeben. Ich mochte seine Klugheit und bewunderte seinen Elan, obwohl ich zu groß war, um bequem an seiner Seite gehen zu können.

April war von ihm beeindruckt. Eines Abends betete sie an ihrem Bett kurz nach seinem Besuch. Sie schaute hinauf zur Decke und sagte: „O Gott, ich wünsche mir zu Weihnachten einen Papi, aber nicht Hal. Der ist zu klein. Ich möchte einen großen Papi haben."

Beantwortet Gott die oberflächlichen Gebete kleiner Kinder? Jedenfalls hörten bald nach Aprils Gebet die Besuche auf. Wenig später erhielt ich eine Heiratsanzeige von ihm. Ich erfuhr, daß seine Zukünftige jünger, hübscher und eine bessere Sängerin sei als ich. Mein Stolz bekam einen Knacks.

Männer — wer braucht sie schon? Ich war robust, unabhängig und konnte es allein schaffen. Ich hatte nachts keine Angst mehr, seit ich vier Collies hatte, dazu die neun Gewehre, die mir John hinterlassen hatte, und einen Vater, der nur acht Meilen entfernt wohnte und den ich jederzeit rufen konnte. Weitere Monate vergingen.

Eines regnerischen Abends brachte ich die Kinder zu Bett und gab ihnen einen Gutenachtkuß. Gerade als ich das Licht ausmachte, begannen die Hunde zu bellen. Ich ging in mein Zimmer und kleidete mich aus, um noch ein spätes Bad zu nehmen. Als ich am offenen Fenster vorbeiging, sah ich im Spiegel an der Wand gegenüber ein Gesicht, das durchs Fenster hereinschaute: eine riesige Nase, die sich platt gegen das Glas drückte, und zwei große Augen, die mich ansahen. Ich fiel fast in Ohnmacht.

Dann schaute ich näher hin. Erleichtert atmete ich auf. Es war „BB", das Shetlandpony meines Bruders.

Wir hatten den kleinen Wallach mit Brendas Stute Prinzess auf einem eingezäunten Platz hinter dem Haus zusammengesperrt. Da die Stute brünstig war, begann das Bellen der Hunde mich zu beunruhigen. Wahrscheinlich waren die Tiere ausgebrochen.

Ich zog einen Regenmantel über meinen Morgenrock, lief

nach draußen und stellte fest, daß die Collies beide Pferde in der Nähe des Gartentores zusammengetrieben hatten. Gerade zur rechten Zeit kam Hilfe. Ein Auto fuhr in die Einfahrt, und Henry, den ich schon seit Jahren kannte, stieg aus. Auf dem Nachhauseweg hatte er das frei herumlaufende Pony gesehen. Ich hielt die Taschenlampe, während er die zerbrochenen Bretter wieder annagelte und Stacheldraht über den Zaun spannte.

Ich dankte Henry herzlich und sagte, ich wollte ihm für seine Mühe und Zeit etwas bezahlen. Er berührte meinen Arm mit den Worten: „Ich habe Ihnen einen Gefallen getan; jetzt komme ich mit Ihnen ins Schlafzimmer, und dort können Sie mir einen kleinen Gefallen tun."

Zornig und verletzt schlug ich ihm die Tür vor der Nase zu und erwischte dabei seine Hand. Er zog sie zurück, und ich schloß und verriegelte die Tür.

In jener Nacht weinte ich nach John, nach seiner jungenhaften Liebe, seiner Rücksichtnahme und Zärtlichkeit. Wie sehr vermißte ich ihn! Dann setzte ich mich im Bett auf und fing an, die Bibel zu lesen. Schließlich betete ich: „Herr, ich möchte nicht länger wie ein Rohr sein, das im Wind schwankt. Ziehe einen Stahlträger des Glaubens in mein Rückgrat ein, daß ich fest zu dir stehen kann, in dem Vertrauen, daß du mein Leben lenkst um meiner Kinder willen." Ich las Psalm 4, 5: „Redet in eurem Herzen auf eurem Lager und seid stille." Psalm 31, 2: „Herr, auf dich traue ich, laß mich nimmermehr zuschanden werden." Psalm 31, 16: „Meine Zeit steht in deinen Händen." Psalm 37, 4 und 5: „Habe deine Lust am Herrn; der wird dir geben, was dein Herz wünscht. Befiehl dem Herrn deine Wege und hoffe auf ihn, er wird's wohl machen."

Noch einmal las ich Psalm 4, 5: „Redet in eurem Herzen auf eurem Lager und seid stille." Entspannt lehnte ich mich gegen das Kopfende des Bettes, schloß die Augen und schlief ein. Ich träumte, ich säße auf einem hohen, großen Felsen und schaute über eine liebliche Wiese, durch die sich ein stilles Bächlein hindurchschlängelte. Sanfte Winde bewegten die langen, hellen Blätter einer Weide. Ich betrachtete dieses anmutige Bild, während ich entspannt mit Rücken und Schultern an einer großen, offenen Bibel lehnte, die größer war als ich. Sie war offen, hatte sich in der Mitte geteilt; der Einband war leicht nach vorn gebogen und umfaßte schützend meine Schultern. Im Traum drehte ich mich langsam um und las. In schlichtem Druck stand auf Pergamentpapier, das wie von Schneeflocken bestreut war, Psalm 37, 7: „Sei stille dem Herrn und warte auf ihn."

Als ich aufwachte, lehnte ich immer noch am Kopfende meines alten, roten Himmelbettes. Ich hatte die ruhige, kraftvolle Gewißheit, mit dem allmächtigen Gott Gemeinschaft gehabt zu haben. Er hatte zu mir geredet. Mein Verlangen, krampfhaft nach einem Mann Ausschau zu halten, war fort. Ich wußte: Wenn ich aufhören würde, Regenbogen nachzujagen, würden eines Tages Regenbogen mir nachjagen. Ich hatte mich allzusehr angestrengt, Gottes Willen zu erkennen. Wenn ich es lernte, ruhig zu werden, würde Sein Wille mich finden.

Ich schaute hinab auf meine Bibel, die noch offen in meinem Schoß lag, und las weiter. Psalm 37, 23: „Von dem Herrn kommt es, wenn eines Mannes Schritte fest werden, und er hat Gefallen an seinem Wege."

Kalte Schauer liefen mir den Rücken hinunter. Wie wahr! Gott in seiner Vorsorge und Liebe würde die Schritte eines guten Mannes zu mir lenken, nicht meine zu ihm. Er würde den notwendigen Anordnungen Würde verleihen.

Mehrere Jahre vergingen. Immer wieder mußte ich gegen Entmutigung ankämpfen, indem ich mich regelmäßig auf die Worte des 37. Psalms besann. Dann kam ein Wendepunkt in unserem Leben. Brenda wurde 17 und beschloß, nach Abschluß der Oberschule sich in einem College in Springfield in Missouri anzumelden. Im Januar fuhren wir gemeinsam dorthin, und die Mädchen sahen zum ersten Mal in ihrem Leben Schnee! Nach Erledigung der Anmeldeformalitäten fuhren wir mit dem Wagen durch den alten, historischen Teil der Stadt. Plötzlich sah ich ein wunderschönes altes Haus vor mir, ein wahres viktorianisches Juwel. Die Fassade lechzte nach Anstrich, das ganze Gebäude schrie nach Reparatur, aber es besaß einen geheimnisvoll aussehenden Turm an der Vorderseite. Das Haus war drei Stockwerke hoch, Veranden liefen ringsherum, und eine alte Schaukel stand zwischen den Büschen. Alte Eichen und Walnußbäume wuchsen rings um das Haus. Alle meine Kindheitsträume von einem Bilderbuchhaus mit offenem Kamin und Wendeltreppen stiegen in mir auf.

Aus dem Nachbarhaus kam ein Mann, der mit dem Hammer ein Schild in die Erde treiben wollte: *„Vom Eigentümer zu verkaufen."* Mit festen Schritten ging ich auf den Mann zu. „Mein Herr, stellen Sie dieses Schild bitte nicht auf. Ich möchte das Haus gern kaufen. Können wir mal hineinschauen und die Einzelheiten mit Ihnen besprechen?" Er stimmte zu.

Drinnen stellte es sich heraus, daß es ein freundliches Haus war, ganz anders als die dunklen, düsteren viktorianischen Häuser, die ich bisher gesehen hatte. Die Räume waren in zarten Pastelltönen gestrichen und verbreiteten eine luftige, angenehme Atmosphäre. In der Diele war eine kreisförmige Treppe, außerdem gab es zwei Kamine. Einer hatte einen Sims aus italienischem Marmor. Ich sah schon vor mir, wie Brenda heimwehkranke Collegestudenten anschleppen würde und alle 12 Zimmer sich mit Musik und Gelächter füllten.

Der Eigentümer akzeptierte eine Kaution von 1000 Dollar, um das Haus für 30 Tage für uns zu reservieren. Danach fuhr ich mit meinen Töchtern nach Florida zurück, um unser altes Haus zu verkaufen. Eine Woche, bevor die Zahlung für das alte Juwel in Springfield fällig war, konnten wir das Haus in Florida verkaufen.

Es schien ein unüberlegter, impulsiver Schritt zu sein, aber für uns drei war er richtig. Wir brauchten eine Veränderung. Nun konnten wir zusammenbleiben, und das Haus war eine reizvolle Herausforderung. Wir legten unsere Zukunft dem Herrn hin und baten ihn, uns zu helfen, sie zu gestalten.

Am ersten Sonntagabend, nachdem wir nach Springfield gekommen waren, um unser neues Heim zu übernehmen, gingen wir in eine große, nahegelegene Kirche zum Gottesdienst. Es war eine erfrischende Abwechslung nach der kleinen Gemeinde, die wir in den vergangenen neun Jahren besucht hatten und die zum größten Teil aus älteren Leuten im Ruhestand zusammengesetzt war. Als Brenda sich umschaute, geriet sie in freudige Erregung über die vielen Oberschüler und Collegestudenten. Offensichtlich war alles gut und richtig so.

Im späten Frühjahr überredete mich der Jugendleiter unserer Gemeinde, eine Klasse der Ferienbibelschule, die für den frühen Sommer geplant war, zu übernehmen. Schon bei der ersten Zusammenkunft dieser Klasse fiel mir ein Mädchen auf, das die größten und traurigsten Augen hatte, die ich je gesehen hatte. Sie waren blaßgrün, hatten den schmerzlichen Ausdruck einer verwundeten Taube und wirkten viel zu reif für eine 14jährige.

Später, als Punsch und Berliner serviert wurden, kam dieses Mädchen mit ihren Erfrischungen zu mir, stellte sich als Connie vor und fragte: „Darf ich bei Ihnen sitzen?" Dann erzählte sie mir ihre Geschichte: Ihre Mutter war kürzlich an Krebs gestorben. Ihr Vater war in Übersee, um Kapital für ein christliches Verlagshaus aufzutreiben. „Wenn er nach Hause kommt, würde ich Sie ihm gern vorstellen", sagte sie schüchtern. „Er ist allein. Ich hätte nie gedacht, daß ich nochmals eine Mutter haben möchte, doch Sie sind die erste Frau, die mir begegnet ist, die ich gern als meine Mutter hätte."

Ihre liebenswürdige Offenheit rührte mich. Ich erzählte

ihr von meinem Leid: ein Ehemann, gestorben nach einer Herzoperation, und meine Mutter wie ihre auch an Krebs gestorben. Ich sagte: „Ja, es wäre bestimmt nett, deinen Vater eines Tages kennenzulernen."

April und ich waren Wochen später auf dem Weg nach Hause von einer Mittwoch-Bibelstunde. Da fragte sie plötzlich: „Mutti, kann ich heute Abend Toast mit Butter und »Sprinkle« haben?" „Sprinkle" hatten wir die Mischung aus Zucker und Zimt genannt, die April so gern aß. Weil wir die letzte Scheibe Brot gerade verbraucht hatten, fuhr ich bei einem Supermarkt vorbei, nahm ein Brot aus dem Regal und stellte mich in die Reihe vor der Kasse an. April unterhielt sich mit einem Mann hinter uns. Er war aufmerksam und liebevoll zu ihr, offensichtlich liebte er Kinder.

Neugierig drehte ich mich um und schaute in ein Paar warme, tiefblaue Augen. Er war ein hochgewachsener, kräftig gebauter Mann, der einen englischen Regenmantel trug. Sein Teint war gebräunt, seine Stimme tief und volltönend.

Als der Kassierer 58 cents für mein Brot forderte, öffnete ich meinen Geldbeutel. Er war leer! Ich war jedoch sicher, am Morgen mit einer Fünf- und zwei Ein-Dollar-Noten und etwas Kleingeld losgefahren zu sein. Auch in der Kirche hatte ich das Geld noch in meinem Portemonnaie gesehen. Hatte April es wieder herausgenommen? Schon einmal hatte sie, während ich Orgel spielte, meine Börse aufgemacht und die letzte Zwanzigdollar-Note ins Opferkörbchen gelegt. Verlegen stand ich nun da und starrte in meine leere Börse.

„Darf ich aushelfen?" fragte der Mann mit der tiefen Stimme hinter uns.

„Ach nein, das geht doch nicht", sagte ich unbeholfen. Ich wandte mich an den Kassierer: „Ich gehe nach Hause, hole das Geld und komme später wieder, um das Brot mitzunehmen."

Aber der Mann hinter mir bestand darauf, mir zu helfen, und so ließ ich es schließlich beschämt zu. Ich brachte ein schwaches „Danke“ über die Lippen, nahm Aprils kleine Hand und eilte aus der Tür zum Auto. Der ganze Zwischenfall roch nach einer ausgeheckten, billigen Manipulation. Ich fühlte mich gedemütigt und hoffte, meinem Helfer nie wieder zu begegnen.

Im Auto wandte ich mich an April: „Hast du heute Abend Muttis Geld in die Kollekte getan?“

„Nein, Mutti. Ich habe es in der Kirche in meinen Beutel getan um damit zu spielen und während des Singens ruhig zu bleiben.“

Tatsächlich. In ihrem Schultertäschchen waren 7 Dollar und 25 Cents. Als ich langsam aus dem Parkplatz herausfuhr, bemerkte ich ein Mädchen mit großen, traurigen, blaßgrünen Augen, das aus der Eisdiele herauskam und an einem Eis lutschte. Ihr Gesicht kam mir bekannt vor. Natürlich: es war Connie, das Mädchen aus der Ferienbibelschule, deren Mutter tot war und das wünschte, ich würde ihren Vater kennenlernen.

Sie kletterte in einen grünen Chevrolet, hinter dessen Steuer ein Mann saß. Zweifellos ihr Vater. Ich schaute näher hin. Es war ein hochgewachsener, kräftig gebauter Mann, der einen englischen Regenmantel trug.

2

DIE ANTWORT

Am Sonntagmorgen war Brenda schon früh fertig zum Gottesdienst. Seit einiger Zeit war der Kirchgang für sie eine interessante Angelegenheit, weil so viele junge Leute in die Gemeinde kamen. Ich selbst war an diesem Morgen längst nicht so eifrig. Die Aussicht, Connie und ihren Vater zu treffen, brachte mich in Verlegenheit. Aber die Kirche ist groß, dachte ich erleichtert. Vielleicht kann ich in der Masse untertauchen. Außerdem war Connies Vater viel auf Reisen, so daß er vielleicht gar nicht da war.

April, Brenda und ich fanden drei Plätze an der Seite der fast vollen Kirche. Der Gottesdienst begann mit Singen. Hinter uns hörte ich eine tiefe männliche Stimme froh und herzhaft singen. Ich brauchte gar nicht erst hinzuschauen; ich erkannte die Stimme vom vergangenen Mittwochabend im Supermarkt.

Während des ganzen Gottesdienstes hindurch fühlte ich mich beobachtet. Gewöhnlich kann ich in der Kirche alles um mich herum vergessen, aber an diesem Morgen gelang mir das nicht. Als die Gemeinde zum Segen aufstand, flüsterte ich Brenda zu: „Laß uns schnell zum Ausgang hinausschlüpfen, damit wir nicht so ins Gedränge kommen. Ich habe einen Braten im Ofen, der sonst verbrennt." Sie schnitt eine Grimasse, weil sie gern mit den anderen jungen Leuten sprechen wollte, nickte dann aber. Wir schlüpften zur Tür hinaus, und ich wähnte mich in Sicherheit.

Etwa eine Stunde später, gerade als wir unseren Nachtisch aßen, klingelte das Telefon. „Hier ist Carl Malz. Meine

Tochter Connie hat so viel über Sie gesprochen, daß ich dachte, ich wollte Sie mal anrufen und Ihnen danken für die Freundlichkeit, die Sie ihr entgegengebracht haben. Ich wollte es Ihnen schon heute in der Kirche sagen, aber Sie waren weg, ehe ich Sie ansprechen konnte.“

„Wir mußten schnell nach Hause“, sagte ich etwas atemlos. Warum raste nur mein Herz dabei so?

„Ich habe Sie heute morgen in der Kirche beobachtet“, fuhr er fort. „Sie wußten es wohl nicht, aber wir saßen einige Reihen hinter Ihnen. Ich habe gesehen, wie aufmerksam Sie zu Ihren Kindern waren, und das hat mich beeindruckt. Nur wenige Mütter wünschen sich, ihre Kinder bei sich zu haben.“

„April, Brenda und ich sind eng miteinander verbunden“, erwiderte ich. Die Kühle in meiner Stimme schreckte ihn nicht ab. Er plauderte noch ein Weilchen weiter über Eltern und Kinder. Dann wechselte er plötzlich das Thema.

„Könnten wir fünf uns nicht mal an einem Abend zusammensetzen? Vielleicht zum Essen? Connie möchte gern Brenda näher kennenlernen.“

Sein Auftreten war mir zu energisch, zu schnell. Ich vertröstete ihn, suchte eine Entschuldigung; dann ärgerte ich mich über mich selber, schlug ihm vor, er solle später wieder anrufen.

Nach Ende des Gesprächs fühlte ich mich innerlich aufgewühlt. Was stimmte bei mir nicht? Vor ein paar Jahren war ich so allein gewesen, daß ich in der Badewanne saß und von Männern fantasierte, bis das Wasser kalt wurde. Jetzt war ein akzeptabler Witwer im Begriff, mich zu umwerben, und ich lief vor ihm weg. Es war schon merkwürdig.

Das nächste Mal, als Carl anrief, sprach er so lange, daß mein linkes Ohr brannte, mein Ellenbogen schmerzte und mein Arm sich taub anfühlte. Er erzählte mir, warum er nach Springfield anstatt nach London gegangen war. Er sprach von seiner Frau Wanda und ihrem Tod. Danach redete er ausführlich über Connie und von seinen väterlichen Sorgen. Sie war in Indien geboren und in Ägypten in einer französischen Internatsschule erzogen worden. Als sie in die Pubertät kam, wurde sie immer ruhiger und passiver. Ob ich irgendwelche Vorschläge hätte, um ihr zu helfen? Ich erfuhr, daß er der Präsident des Süd-Asiatischen Colleges gewesen war, zwei theologische Seminare in Übersee gegründet hatte und gegenwärtig Vizepräsident des Internationalen Correspondenz-Institutes war, für das er Reisen nach Übersee machen mußte.

Außer Connie hatte er noch zwei verheiratete Kinder: einen Sohn, Carl David mit Ehefrau Diane und eine Tochter Carol mit Ehemann Jack Acuff.

Bevor die Unterhaltung per Telefon endete, erwähnte ich, daß am folgenden Donnerstag, dem 6. November, mein Geburtstag sei. Wir machten Pläne, zu fünft in einem kleinen französischen Restaurant in Branson, Missouri, zu feiern.

Connie und Brenda nahmen April zwischen sich auf dem Rücksitz von Carls Chevrolet und unterhielten sie während der ganzen 40 Meilen nach Branson. Leise erklang Radiomusik, ausgerechnet der Titel: „Wir haben gerade erst begonnen.“ Ich mied Carls Blick, als der Titel angesagt wurde, und wollte mich dadurch nicht beeindrucken lassen. Zu viele Male in den vergangenen sechs Jahren war ich von Männern enttäuscht worden und deshalb fest entschlossen, mich zurückzuhalten.

Das Restaurant war anheimelnd. Tischtücher aus rotem Leinen sorgten für eine gemütliche Atmosphäre. Wir hatten einen Tisch in der Nähe eines Fensters mit schönem Ausblick. Die Kellnerin dachte, wir wären eine Familie und behandelte uns dementsprechend. Während wir redeten, beobachtete ich Carl. Er war kein schöner Mann, doch seine Nase und seine Gesichtsknochen waren kräftig und männlich. Sein Haar war dunkel, seine Augen klar und offen, seine Stimme tief. Durchsetzungsvermögen schien seine hervorstechendste Eigenschaft zu sein. Ich war mir nicht sicher, ob ich das überhaupt mochte.

Einmal meinte er, wir sollten zurückhaltender sein und nicht soviel schwatzen. Das ärgerte mich. Er sorgte sich zu sehr darum, was die Leute dachten. Ich wünschte mir jemanden, der so sorglos und unbekümmert sein konnte wie John.

Die Geburtstagsfeier war eine nette Geste, doch plötzlich war ich darauf bedacht, wieder in die Sicherheit meines Heims zurückzukehren — dorthin, wo ich frei war, ich selbst zu sein, wo ich tun und sagen konnte, was mir gefiel. Die Einsamkeit in meinem Leben hatte immerhin ihre Vorteile. Schon nach unserer ersten Verabredung fühlte ich meine Unabhängigkeit bedroht.

Nach dem Essen nahmen die älteren Mädchen April mit zur Toilette. Carl stellte schnell die Kerze ein wenig beiseite und rückte näher zu mir heran. Er legte einen Arm auf die Lehne meines Stuhles und sagte: „Der Gedanke, daß wir eine Familie sind, ist zu schön. Ich denke, ich bin in dich verliebt, Betty. Ich fühlte mich schon stark zu dir hingezogen, als du in dem Geschäft so verlegen warst. In deiner schlimmsten Laune bist du besser als jede Frau, die ich kenne, wenn sie ihre beste Laune hat. Du lachst viel. Connie und ich brauchen das. Ich mag deine Töchter, wie sie sich an ihren Lieblingstieren freuen, wie sie soviel Freude an einfachen Dingen haben. Connie hat nie die Chance gehabt, so zu leben. Sie verbrachte den größten Teil ihres Lebens in Appartementhäusern und in fremden, ausländischen Städten. Ihr graut vor dem Gedanken, daß wir eventuell nach Brüssel umziehen müßten. Ich spüre, daß Gott uns zusammengeführt hat ...“

Die Mädchen kamen zurück. Ich war erleichtert. Carls Offenheit verwirrte mich, brachte mich durcheinander. Ich war voll auf dem Rückzug vor seinen offensichtlich ernsten Absichten.

„Aber du kennst mich doch kaum“, sagte ich später zu

ihm, als wir wieder für ein paar Augenblicke allein waren. „Und ich kenne dich überhaupt nicht."

„Ich weiß mehr von dir, als du dir denken kannst", antwortete er mit Bestimmtheit.

„Aber meine Gefühle sind sicherlich nicht wie deine", sagte ich schließlich.

Kurz danach verließ Carl die Stadt, um eine Geschäftsreise anzutreten. Ich dachte, seine Leidenschaft gründlich gedämpft zu haben, bis die Karten kamen: nette Karten, verrückte Karten, ernste Karten und heitere Karten. Sie alle waren überschrieben „An Eva". Unterzeichnet waren alle mit „Adam". Die sonderbare Verwendung dieser Namen erschreckte mich. Wie war noch der Lieblingsspruch meiner Großmutter?

„Für jede Eva gibt es einen Adam."

Zwei Tage vor Weihnachten kam er zurück und rief an. Er fragte, wann wir uns wieder treffen könnten. „Meine Tochter Carol und ihr Jack sind in den Ferien hier. Sie würden dich gern kennenlernen", sagte er.

Ich lud sie ein, abends herüberzukommen. Dann machte ich nach einem alten englischen Rezept, das meine Vorfahren aus England mitgebracht hatten, eine Dattelrolle; ich fand auch einige selbstgemachte Pralinen. Als die Familie anrückte, zündete ich Kerzen auf beiden Seiten einer kristallenen Schale mit einer Punschbowle an. Wir versammelten uns im Wohnzimmer und warteten darauf, bis der Punsch abgekühlt war.

Ich mochte Carol und Jack sofort. Während wir plauderten, hörte ich im Eßzimmer einen verdächtigen Schlag. Alle sprangen auf und eilten hinüber, um zu sehen, ob etwas zerbrochen oder hingefallen war. Wir fanden April auf einem Stuhl kniend. Auf dem Kopf hatte sie einen alten Jägerhut, der von einer Kugel durchlöchert war. Sie hatte sich über die Punschbowle gelehnt und trank aus der Schöpfkelle.

Es war ein erheiternder Anblick. Heimlich warf ich einen

Blick auf Carl. Meine unbändigen Mädchen würden ihn wohl schnell als Freier ausschalten. Aber Carl lachte mit.

Nachdem wir etwas gegessen hatten, holte Carl für uns alle hübsch verpackte Geschenke herein. Seine Großzügigkeit imponierte mir. Gerade weil diese Großzügigkeit ein Opfer für ihn bedeutete. Seine wirtschaftliche Lage war genauso schlimm wie unsere — vielleicht sogar noch schlimmer. Mit einer großartigen Geste präsentierte er mir die Miniatur einer antiken Uhr, die auf dem Kaminsims stehen sollte. „Kinder, wenn ihr sie schlagen hört, heißt das »ich liebe eure Mutter«."

Ich war überrascht von diesen Worten in Gegenwart der Kinder. Welche Ehrlichkeit und welche Gefühle sprachen daraus! Und was für ein Gegensatz zu den Männern, die mir in den vergangenen Jahren begegnet waren.

Das letzte Päckchen, das ich aufmachte, enthielt eine rote Handtasche aus Kalbsleder mit einem Schultergurt. „Wer weiß, welche Reisen du in Zukunft machen wirst!" sagte er mit einem zuversichtlichen Lächeln.

Als wir im Wohnzimmer saßen, glitt April von der Couch herunter, krabbelte dann auf Carls Schoß und legte ihren Arm und seinen Hals. Verschmitzt lächelnd schaute sie mich an und sagte: „Er ist groß, Mami!"

Ich tat so, als hörte ich es nicht, aber ich konnte nicht vermeiden, einen heimlichen Blick auf Brenda zu werfen, die mit einem wissenden Lächeln zu mir herüberschaute. Sie dachte wohl auch an Aprils Gebet vor mehreren Jahren — um „einen Papa, und bitte, Herr, einen großen!"

Nachdem Carl gegangen war und die Mädchen schliefen, versuchte ich, die Situation vernünftig abzuwägen. Es gab Momente, in denen Carl sehr lieb war und ich mir wünschte, in seinen Armen zu sein. Dann gab es wieder Augenblicke, in denen ich froh war, wenn er die Stadt verlassen hatte und ich meine Freiheit wieder genießen konnte. Ich bewunderte sein Verhalten den Mädchen gegenüber, und seine Großzügigkeit überwältigte mich. Aber er war acht Jahre älter als ich. Und er war mir zu direkt.

In den nächsten Tagen schien es mir, als hörte ich während meiner Gebetszeit die Worte: „Stelle fest, was andere über Carl denken." Die erste Gelegenheit dazu bot sich durch einen alten Freund, Roy Wead, Präsident des Trinity College in Ellendale, North Dakota. Er und seine Frau Rose Mae hatten mir nach meinem Oberschulabschluß eine weiße Bibel geschenkt, die ich bei der Hochzeit mit John bei mir getragen hatte. Als Dr. Wead eines Tages zu Besuch kam, zog ich eine Broschüre mit einem Bild von Carl aus meiner Tasche und fragte ihn: „Kennen Sie diesen Mann?"

Er erkannte ihn sofort: „Ich kenne Carl schon lange. Er ist ein prächtiger Kerl, lebt ganz für seine Arbeit, für Gott und seine Familie. Es tut mir sehr leid, daß seine Frau an Krebs gestorben ist. Warum fragen Sie?"

„Er will mich heiraten."

Dr. Wead wurde nachdenklich. „Ich würde nicht im Traum daran denken, zwei Gegensätze wie euch beide zusammenzustecken, aber warum nicht? Sie könnten keine bessere Wahl treffen."

Ich sagte ihm, daß Carl wahrscheinlich ins Ausland ziehen würde und ich sei nicht sicher, ob das das Richtige für Brenda und April sei.

„Das ist ja interessant! Ich bin im Auftrag meiner Fakultät hier, um einen Mann zu suchen, der am College als Lehrer für äußere Mission und als Pastor für die Studenten dienen kann. Carl hat Erfahrung auf beiden Gebieten. Er könnte junge Missionare ausbilden und damit für Nachwuchs sorgen. Wenn Sie sich zur Heirat entschließen, schicken Sie Carl zu mir, und ich werde mit ihm sprechen."

Durch die Wendung der Ereignisse ein wenig verwirrt, besuchte ich eine Freundin, die das schon hinter sich hatte, was ich erleben würde, wenn ich Carl heiratete und mit ihm nach Übersee ginge. Sie riet ab. „Die Anpassung an eine fremde Kultur und neue Eltern ist zuviel für kleine Kinder. Die Probleme sind größer, als sie zuerst scheinen. Tu es nicht. Wenn ihr heiratet, bleibt in den Staaten, bis sich die Mädchen an Carl gewöhnt haben."

Als nächsten Ratgeber fragte ich meinen Vater. Ich erfuhr, daß er Carl schon seit mehreren Jahren kannte. Carl hatte in der Kirche meines Vaters gepredigt, wenn er mit seiner Frau und den drei Kindern auf Urlaub von Indien in der Heimat war. Mein Vater gab mir einen klaren Rat: „Betty, entscheide mit deinem Kopf, nicht mit deinen Gefühlen!"

Als ich an jenem Abend April ins Bett gesteckt hatte, besprach ich mich noch mit Brenda. „Mutter", sagte sie, „ich kann Carl gut leiden. Er ist ein intelligenter Mann, und ich kann ihn respektieren. Ganz ehrlich, Mutti, wenn du ihn abweist, wäre ich enttäuscht."

Am folgenden Abend, als ich kurz vor dem Einschlafen war, klingelte das Telefon. Noch bevor ich den Hörer abnahm, wußte ich, wer es war. Nach einer begeisterten, wortreichen Beschreibung seiner Reisen durch den Osten, kam Carl in seiner gewohnten Direktheit auf sein Anliegen zu sprechen. „Betty, ich glaube, wir sind füreinander bestimmt. Ich bin kein kleiner Junge. Ich meine es ernst. Ich bin nicht an Verabredungen interessiert, nur an einer Heirat. Wenn deine Antwort nein heißt, sag es mir. Wenn du nicht sicher bist, laß uns darüber beten, dann werden wir weitersehen. Ich möchte kein falsches Spiel treiben, deshalb will ich dir offen sagen, daß ich eine Krankenschwester, die hier wohnt, besuchen werde, wenn du noch unsicher bist. Sie half uns in Indien als Missionskrankenschwester. Sie hat nie geheiratet und ist hierher zurückgekommen, um sich weiterzubilden."

Carls Offenheit war überraschend und wirksam zugleich. „Bitte besuche sie, Carl", drängte ich ihn. „Vielleicht ist das eine Entscheidungshilfe. Bei ihrer Vergangenheit und Ausbildung brauchst du sie eher als mich."

Als ich aufgelegt hatte, saß ich ruhig im Dunkeln des

Wohnzimmers unseres Hauses. Die verlöschenden Holzstücke im Kamin beleuchteten matt die Wände. Das Straßenlicht schien durch die Baumäste, warf Schatten auf die altmodische Veranda und durch das ovale Glas der Tür. In vielerlei Beziehung war dies das Haus meiner Kindheitsträume, obwohl es noch nicht völlig renoviert war. Der Ort wuchs mir ans Herz; ich schlug Wurzeln. Ich war es müde, herumzuziehen. Einerseits erkannte ich, daß ein Haus ohne die Liebe eines Gatten kein Heim ist, andererseits erschreckte mich Carls Offenheit. Sein Glaubensbekenntnis schien zu heißen: Wer zögert, ist verloren! Wer wagt, gewinnt. Mach das Beste aus dem Leben. Alles, was des Handelns wert ist, ist wert, rasch erledigt zu werden.

Meine englischen Vorfahren gingen Probleme langsam und bedächtig an. Sie meinten, alles Gute kommt zu denen, die warten können. Carl entschied dagegen die Dinge so eilig, daß ich mich fragte, ob er ein besonderes Verhältnis zu Gott habe, wenn es um Führung ging. Oder war es ein Fehler seines Charakters, der unser Heim zersplittern und Unbehagen in die Ehe bringen könnte? Ich betete: „Herr, mache es für Carl dringlich, der Krankenschwester einen Besuch abzustatten. Wenn sie die Richtige für ihn ist, dann würde mir das die Verantwortung abnehmen, eine Entscheidung treffen zu müssen. Ich bin nicht stark genug, Missionarin zu sein. Sie hat eine jahrelange Erfahrung in dieser Art von Leben. Ich habe keine."

Unsicher tappte ich durch den nächsten Tag und hatte Mühe, mich zu konzentrieren. In einer Minute faßte ich Mut und sagte zu mir: „Ich nehme die Chance wahr. Ich werde ja sagen." In der nächsten Minute überlegte ich: „Ich bin nicht fürs Umziehen geschaffen. Wenn er nach Übersee geht, wäre das zwar aufregend, aber sehr schwierig. Wenn er eine Arbeit bei Dr. Wead annimmt, würden wir nach North Dakota umziehen müssen. Wo liegt eigentlich North Dakota?"

Schließlich holte ich einen Atlas hervor und fand es. Ich verglich den Bundesstaat mit meiner letzten Heimat in Florida. Es war ein Sprung vom südlichsten Staat bis fast zum nördlichsten. Ich war immer stolz darauf gewesen, flexibel zu sein, aber das ging zu weit!

An jenem Abend nahmen die Studenten in der Nähe unseres Hauses neue Mitglieder in ihre Verbindung auf. Teil dieses Rituals war, ein Kanu über ihren Köpfen zu tragen und laut singend durch die Straße zu marschieren. Der Lärm regte unseren Collie Missy sehr auf, und sie begann aufgeregt zu bellen. Als die Collegestudenten Knallfrösche, Feuerwerk und Raketen abzuschießen begannen, hatte Missy endgültig genug und rannte davon. Wir suchten sie bis in die Nacht, straßauf, straßab, klopften bei Freunden an die Tür. Dann riefen wir den Tierschutzverein an und alarmierten ihn, auf den Hund achtzugeben. Auch die Polizei wurde benachrichtigt. Schweren Herzens gingen die Mädchen zu Bett.

Am Morgen war Missy immer noch nicht zurückgekehrt. Traurig ging ich zum Briefkasten, in der Hoffnung auf eine Nachricht. Es lag nur ein einfacher, weißer Umschlag ohne Absender darin. Ich öffnete das Couvert und las:

ADAM

O Gott
aller Vollkommenheiten
der Schöpfung.
Ich allein bin unvollkommen.

Siehst du den Mann,
den du formtest
in deiner Vollkommenheit?
Mit einer Ausnahme...

Allein.
Ich fand in mir
den Schrei der Furcht,
der widerhallte
durch die leeren Kammern meines Herzens.

Bis ...
ich von dem Schlummer, den du gabst,
erwachte
und eine andere an meiner Seite fand.
Wir berührten und fanden uns.
Da verstummte der Schrei.

Ein neues, anonymes Zeichen von Carl. Plötzlich wurde mir klar, daß hier nicht eine impulsive Handlung ablief. Dieser hagere, energische Mann ging der Frau, die er liebte, mit Leidenschaft und Entschlossenheit nach. Er hatte die feste Absicht, ein beständiges und inhaltsreiches Leben für die Mädchen und mich aufzubauen. Bis jetzt hatte ich immer gedacht, ein Mann, der Gedichte schreibt, sei unmännlich. Aber dieses Gedicht schreibende Wesen maß über 1,90 Meter, wog 2 Zentner, war alles andere als unmännlich und hatte doch ein zärtliches, überfließendes Herz.

Eine neue Erkenntnis durchfuhr mich. Gott sorgte auf seine Weise für einen starken Mann, der meinen physischen Bedürfnissen entgegenkam, einen Mann mit einem scharfen Verstand, um meinen Intellekt anzustacheln, und einem gemeinsamen Glauben, der uns zusammenbinden würde. Wir könnten zusammen beten. Die Bibel sagt: „Einer wird tausend jagen, aber zwei können zehntausend in die Flucht schlagen.“ Zwei Kinder Gottes können zehnmal soviel ausrichten wie eines. Was ich erlebte, war nicht eine Schwärmerei, sondern der Anfang einer echten Liebe.

Als ich das Gedicht ein zweites Mal las, verspürte ich plötzlich eine Anwandlung von Gewissensbissen. Ich hatte Carl genötigt, die Krankenschwester zu besuchen. War das Gedicht eine freundliche Art und Weise, mich wissen zu lassen, daß Adam seine richtige Eva gefunden hatte? War es schon zu spät für mich? Die Schwester war nie verheiratet gewesen. Vielleicht hatte sie bange auf eine Chance wie diese gewartet, möglicherweise seit Jahren. Es würde auch für Carl leichter sein. Sie hatte keine Kinder, er würde sich nicht Stiefkindern anpassen müssen."

Die Glut meiner neuen Liebe für Carl wurde abgelöst von einer schrecklichen Ahnung. Ich hatte Carl verloren! Warum war ich so langsam gewesen, seine hervorragenden Qualitäten zu erkennen? Warum war ich so schnell bei der Hand gewesen, ihn in die Arme jener Krankenschwester zu treiben? Ein Gefühl von Verlassenheit überflutete mich.

Das Telefon läutete, und ich sprang darauf zu. Es war Carl. „Rede nicht, höre nur zu", begann er. „Ich konnte die Schwester nicht besuchen. Gestern kam ich von der Arbeit nach Hause und wollte sie anrufen. Da wußte ich plötzlich, ich sollte es nicht tun. Du bist genau richtig für mich und Connie. Alle sind damit einverstanden außer dir. Auch dein Hund versucht dir etwas zu sagen."

„Hast du Missy gesehen?" fragte ich erstaunt.

„Ja, heute morgen um fünf Uhr hörte ich ein Heulen hinter dem Haus, in der Nähe meines Arbeitszimmers. Ich schaute hinaus, und als ich nichts sah, öffnete ich die Tür. Vor mir stand ein Collie. Betty, es ist bestimmt deiner. Ich weiß nicht, wie er unser Haus gefunden hat. Er konnte doch nicht gewußt haben, wo wir wohnen. Um hierher zu gelangen, mußte er meilenweit durch den Verkehr laufen. Jetzt ist er in Connies Schlafzimmer. Seine Pfoten sind wund und blutunterlaufen. Er muß die ganze Nacht gerannt sein. Ich werde ihn dir bringen."

Verblüfft und überwältigt ging ich die Treppe hinauf,

weckte die Kinder, setzte eine Kanne Kaffee auf und bürstete mein Haar. Kurze Zeit später standen Carl, Connie und Missy an der Eßzimmertür. Die Mädchen waren begeistert, schlugen Connie auf den Rücken, liebkosten den Hund, küßten seine kalte Nase und umarmten Carl.

Ich lief zu ihm hin und flüsterte ihm ins Ohr: „Ja, ja, ja!“ Bis zu diesem Zeitpunkt hatte ich seine allzu feierliche, allzu ernste Art nicht gern gehabt. Die war nun verschwunden. Plötzlich kam Leben in ihn, er erhob ein vergnügtes Siegesgeschrei und schwenkte mich herum wie ein Lasso. Für den Rest des Morgens fingen wir an, Hochzeitspläne zu schmieden. An jenem Abend kam Carl auf seinem Nachhauseweg aus der Stadt bei uns vorbei. Er kam nicht herein, nur bis an die Tür. „Schließ deine Augen!“ befahl er. Dann nahm er meine Hand und steckte einen Ring an meinen linken Ringfinger. Es war ein schlichter, goldener Ring mit einer Verzierung, die wie ein Kreuz aussah. Carl erklärte, der Ring sei aus Ägypten und würde „Schlüssel zum Leben“ heißen. Jahrhundertelang hatten Ägypter diese Verzierung auf Papyrus verwendet und auf die Gräber ihrer Toten in Stein gemeißelt. Obwohl sie den Gott des Mose verwarfen, wählten die Ägypter als Lebenssymbol das Abbild des Kreuzes, an dem Christus sterben sollte. Faszinierend, daß sie es einen „Schlüssel zum Leben“ nannten, noch bevor Jesus sagte, Er sei der einzige Schlüssel für das künftige Leben.

Es war ein einzigartiger Verlobungsring für mich, da ich selbst den Tod geschmeckt hatte und dann zurückgekehrt war, um anderen davon zu erzählen. Carl bat mich, das Hochzeitsdatum festzusetzen. Da ich mir immer gewünscht hatte, eine Juni-Braut zu sein, weil Carl uns drei heiraten würde und weil der Dreieinige Gott uns zusammengebracht hatte, wählte ich den 3. Juni. Carl schien irgendwie durch meine Entscheidung verwirrt zu sein, überlegte einen Augenblick und nickte dann.

Die Hochzeitsfeier war schön und eindrucksvoll. Am Fuß

der Wendeltreppe unseres viktorianischen Hauses stellten wir ein weißes Tor auf. An jeder Seite plazierten wir eine Palme, dazu einen Farn und einen Kandelaber, der drei Kerzen trug. Ich nähte hellrosa Kleider für Brenda, Connie und April.

Ich selbst trug ein langes Abendkleid mit weißem Spitzenbesatz. Mein Brautstrauß war einfach: sieben blaue Anemonen mit Schleierkraut und einem kleinen Farnzweig waren auf die weiße Bibel gebunden, die ich schon trug, als ich John geheiratet hatte. Mein Vater traute uns. Brenda stand neben mir, Connie neben ihrem Vater und April in der Mitte zwischen Carl und mir. Carol und Jack und eine befreundete Schriftstellerin, Ruth Lyon, waren die Gäste. Mein Glück wäre vollkommen gewesen, wenn meine Mutter noch gelebt hätte, um dabei zu sein. Ihre Gebete hatten mich während der ersten Monate meiner Witwenschaft durchgetragen.

Als mein Vater Carl die Frage stellte, kam das „Ja" mit kräftiger Begeisterung. Dann wandte sich Vater an mich und wiederholte die Frage. Ich nahm Carls Hände in meine und schaute in die blaßblauen Augen des Mannes, dem ich meine Zukunft und die meiner Kinder anvertrauen wollte. Ich wiederholte aus dem Gedächtnis die Verse 16 und 17 aus dem ersten Kapitel des Buches Ruth: „Rede mir nicht ein, daß ich dich verlassen und von dir umkehren solle. Wo du hingehst, da will ich auch hingehen; wo du bleibst, da bleibe ich auch. Dein Volk ist mein Volk, und dein Gott ist mein Gott. Wo du stirbst, da sterbe ich auch, und dort will ich auch begraben werden. Der Herr tue mir dies und das, nur der Tod wird dich und mich scheiden."

Carls Gesichtsausdruck ließ mich erkennen, wie bedeutungsvoll diese Worte für ihn waren. Auch für mich war es mehr als nur eine Geste; es war vielmehr ein Ausdruck meiner Glaubenshoffnung für die Zukunft, denn zu diesem Zeitpunkt wußte ich nicht, ob wir nach London, Brüssel oder North Dakota ziehen würden.

Während des Festessens konnte die Malz-Seite der Familie ihr Geheimnis nicht länger hüten. Als ich den 3. Juni als Hochzeitstag gewählt hatte, konnte ich nicht wissen, daß dies der Tag war, an dem Carl und Wanda und auch seine Eltern geheiratet hatten.

Carls humorvolle Briefe, in denen er sich als „Adam" bezeichnet hatte, führte zur Wahl des Ortes für unsere Flitterwochen: Die Insel Eden — die Paradies-Insel im Herzen der Ozark Berge in Arkansas. Die Ferienwohnung war rustikal, das Haus von Waldseen umgeben. Die Appartements hatten getrennte Baderäume, über denen zwei kleine Schildchen angebracht waren, eines für „Adam", das andere für „Eva". Auf dem Kaffeetisch standen große, blankpolierte rote Äpfel. Auf der Badematte, der Seife, den Duschvorhängen, überall waren Äpfel. In einer kleinen Bronzeschale, eingebettet in den Sims des alten, steinernen Kamins, stand: „Adam und Eva ... zu eurer Freude während eures Aufenthaltes auf der Insel Eden."

Als wir gemeinsam über den wundersamen, geheimnisvollen Weg, den wir gegangen waren, nachdachten, stellte ich Carl eine Frage, die mich monatelang geplagt hatte. „Da die Bibel ganz klar sagt, wir sollen um das bitten, was wir uns wünschen, und es wird uns widerfahren, warum hat es dann sechs lange Jahre gedauert, bis Gott antwortete?"

Während wir darüber sprachen, wurde deutlich, daß Gott viele Umstände benutzt hatte, um mich mit Carl zusammenzuführen. In seiner Weisheit und Einsicht sah Gott, daß der Tag kommen würde, an dem wir einander brauchen würden. Nicht nur Betty brauchte den richtigen Mann in ihrem Leben, sondern Carl und Betty brauchten einander. Zur rechten Zeit benutzte er unser gegenseitiges Bedürfnis und ließ uns trotzdem unsere Individualität, während unsere Beziehung allmählich zu gegenseitiger Anerkennung und Festigkeit führte. Carl hatte seine gottgegebene Beharrlichkeit; ich mußte Gottes Signale beachten lernen.

„Weißt du", sagte ich zu meinem neuen Mann, „ich habe immer auf das gestarrt, was in meinen Augen ein unermeßliches Problem war. Doch als Gott mein Gebet erhörte, tat er es durch eine kleine Nebensächlichkeit — einen leeren Geldbeutel."

Am ersten Sonntag nach unserer Hochzeitsreise saßen Carl, Connie, Brenda, April und ich zusammen in der Kirche — als eine Familie. Es war wie ein Traum, der Wirklichkeit geworden war. Die traumhafte Situation würde eine Weile anhalten, doch dann würde das Leben viele neue, ernste Probleme bringen, die durch Gebet gelöst werden mußten.

3

FAMILIENGEBET

Carl und ich mußten lachen, als ein 80jähriger Freund uns schrieb: „Wenn eure Ehe funktioniert, ist das ein Wunder. Betty ist ein Skorpion und Carl ein Zwilling. Ein Skorpion heiratet nie einen Zwilling."

Als Christen wissen wir, daß wir nicht auf Sternzeichen sehen sollen, sondern auf Jesus Christus. Als mein Vater uns traute, betete er: „Herr, sei ihre stets gegenwärtige Hilfe in Notzeiten. Wo es einen Mangel gibt, fülle Du ihn aus.

Nach unserer Hochzeitsreise zogen Carl und Connie aus ihrem Appartement in unser viktorianisches Haus um. Damit begannen die Probleme, die eine Verbindung zweier unvollständiger Familien mit sich bringt. Eines Nachts erwachte ich plötzlich in der Dunkelheit unseres Schlafzimmers. Carl lag nicht neben mir. Dann hörte ich ein seltsam sägendes, knirschendes Geräusch. Ein schrecklicher Gedanke kam mir. Jemand versuchte offensichtlich, das Schloß an der Küchentür abzusägen. Carl mußte das vorher gehört haben und war aufgestanden, den Einbrecher zu fassen.

Voller Schrecken sprang ich aus dem Bett und schlich zu meiner Kommode. Aus meiner Unterwäscheschublade holte ich den kleinen Revolver heraus, den ich zu meinem Schutz immer im Schlafzimmer hatte. Dann schlich ich heimlich die Stufe hinunter, überzeugt, daß mein Mann in Schwierigkeiten war und mich brauchte.

Langsam machte ich die Tür zur Küche auf. Meine Schußwaffe war gespannt, meine Hand zitterte, aber ich war bereit, unser Heim zu verteidigen.

„Betty!!!“ Es war Carl. Wir standen beide da wie gelähmt. Ich war nahe daran, meinen neuen Ehemann zu erschießen.

„Carl, es ist 3 Uhr 20! Was tust du denn so früh auf?“

„Ich habe Hunger. Mein Tag hat fast jeden Morgen meines Lebens um 4 Uhr mit Cornflakes angefangen”, erklärte er ruhig.

„Ich dachte, ein Einbrecher würde das Schloß absägen. Statt dessen stehst du hier und futterst dein Frühstück. Was für seltsame Gewohnheiten hast du noch?“

„Keine, an die du dich nicht gewöhnen könntest“, sagte er kühl.

Ich wollte ihn ein wenig hänseln. „Liebling, schau mal im Spiegel deine Haare an. Du könntest den Struwelpeter spielen.“

„Als ich dich heiratete“, erwiderte er, „erwartete ich nicht, daß du mir Theatervorstellungen gibst. Um 4 Uhr morgens ist eine Komödie ein wenig fehl am Platz.“

Ich drehte mich abrupt um und wollte gehen. Er tat einen Schritt auf mich zu, und das war alles, was ich brauchte. Ich wendete mich ihm zu, wir umarmten uns. Dann versprach ich ihm, meine vorlaute Zunge unter Kontrolle zu halten, und er versprach, sich ruhiger zu verhalten, wenn er so früh am Morgen aufstand. Wir lachten gezwungen, als wir an die Probleme dachten, die offensichtlich noch vor uns lagen. Wenn zwei Menschen heiraten, sind zwei Anpassungen notwendig — jeder bei dem andern. Wenn eine Familie mit fünf Persönlichkeiten wie wir zusammenwachsen soll, erfordert das 20 Anpassungen: fünf Menschen in ihren neuen Rollen, die sich vier anderen anpassen müssen.

Unser Versprechen hatte eine kurze Lebensdauer. Der Wortkrieg flammte von Zeit zu Zeit auf. Einmal, als wir von einer Party bei Freunden heimfuhren, verspürte ich, daß eine schwarze Wolke über uns hing. Als wir im Haus waren, folgte ich Carl in das dunkle Wohnzimmer, wo wir uns sogleich hinsetzten, zwar auf ein Sofa, aber möglichst weit auseinander.

„Betty, du hast es wieder geschafft", begann Carl. „Du bringst mich mit deinem Lachen und deinen Kaspereien in Verlegenheit. Muß ich immer als der humorlose Mann für deine Scherze herhalten?"

„Na hör mal!" konterte ich. „Es sieht so aus, als käme durch deine Gegenwart immer das Schlimmste aus mir heraus!"

„Das kann sein", donnerte er, „aber es kann nichts herauskommen, was nicht schon drin ist."

Plötzlich hatte ich das Gefühl, als sähe ich einen dieser kitschigen Filme im Fernsehen, die unter dem Motto stehen: „Kann diese Ehe noch gerettet werden?" Während der folgenden Aussprache ließ ich Carl wissen, er sei zu ernst, zu kritisch, zu sehr Perfektionist — und er sei nicht Gott.

Aber scheinbar hatte Carl nur darauf gewartet, mir eine Lektion zu erteilen: „John mag dir gesagt haben, daß du einen perfekten Haushalt führst, aber ich bin damit nicht einverstanden. Zum Beispiel: dein Hund atmet an meinem Ellenbogen, wenn ich im Bett liege. Ich trete jedesmal auf die Katze, wenn ich zum Kamin gehe. Du und deine Mädchen laufen in verschossenen Bluejeans und mit bloßen Füßen umher. Betty, du bist hinterwäldlerisch."

In diesem Augenblick kam seine Tochter Connie die Treppe herunter, hörte den letzten Satz und traf zu uns. Sie beugte sich herunter, küßte mich auf die Wange, schaute dann ruhig ihren Vater an und sagte: „Ich liebe diese Hinterwäldlerin, Papa. Unser Leben ist zu ernst geworden. Sie lehrt uns wieder lachen."

Genauso ruhig wie sie gekommen war, ging Connie wieder die Treppe hinauf und ließ uns ein wenig verblüfft zurück. „Wir werden es schaffen", sagte Carl entschlossen. Wir saßen zusammen auf der Couch, immer noch im Dunkeln, aber inzwischen lag mein Kopf auf seiner Schulter. Uns war klar, daß viel auf dem Spiel stand. Wir hatten es nötig, mehr zu lachen und mehr zu beten. Dann sprachen wir, diesmal aber im Spaß, darüber, wie verschieden wir doch waren.

Carl gibt gern Geld aus; ich bin sparsam. Er wurde in der Stadt in Cleveland geboren, ich wuchs auf dem Lande auf. Er geht gern aus, ich bleibe gern zu Hause. Er ist ein Wandervogel, ich bin seßhaft. Seine Bildung liegt über dem Durchschnitt, mein Hauptfach ist Kinder und Collies. Er sieht Haustiere am liebsten, wenn sie draußen bleiben, ich habe Hund und Katze gern im Haus. Er trinkt seinen Kaffee kochend heiß mit Milch und Zucker, ich liebe meinen warm und schwarz. Er ißt dunkles Brot, und ich liebe Weißbrot. Er verschlingt sein Frühstück, um Zeit zu sparen, stehend am Spülbecken, ich liebe ein gemütliches Frühstück, trinke meinen Kaffee langsam, Schluck für Schluck, manchmal draußen unter dem Weinstock. Er schläft mit drei Bettdecken, ich nur mit einer. Für ihn sind Fenster zum Schließen da, ich habe sie gern offen. Er ist feierlich, ich lache zuviel. Er hat gern großflockigen Hüttenkäse, ich liebe Quark. Carl fährt langsam, ich fahre schnell. Er ist Deutscher, ich bin Engländerin. Er kommt mit vier bis fünf Stunden Schlaf aus, ich brauche neun. Er steht um 4 Uhr in der Frühe auf, ich mag es nicht, wenn der Wecker um 7 Uhr klingelt. Er liebt ernste Musik, ich liebe frohe Musik. Carl liebt die Spannung eines tragischen Bühnenstückes, ich ziehe eine Komödie vor.

Wir kamen zu dem Schluß, daß unsere einzigen Gemeinsamkeiten die Vorliebe für Lakritze und Kinder sowie das Wissen um die Notwendigkeit des Gebets waren. Deswegen war ich innerlich voller Furcht. Die Gegensätze zwischen uns waren so ausgeprägt. Die Probleme, zwei unvollständige Familien zusammenzubringen, waren größer, als ich es mir vorgestellt hatte. War unsere Heirat zu voreilig gewesen? Ich fürchtete, unsere Spannungen könnten sich auf die Kinder übertragen und unser Heim zu einem Schlachtfeld von Auseinandersetzungen und Wutausbrüchen machen.

Carl und ich entschlossen uns, jeden Tag zusammen zu beten. Das war ein guter Anfang. Ich nahm mir auch Zeit, allein zu beten und an meinen negativen Eigenschaften zu arbeiten, von denen ich wußte, daß sie nicht nur Carl, sondern auch Gott nicht gefielen.

Vier Wochen nach unserer Hochzeit nahm Carl die Berufung an das Trinity College in Ellendale, North Dakota, als Pastor und Lehrer an. In den darauffolgenden Tagen verkauften wir das viktorianische Haus, packten, hatten eine Abschiedsparty mit Carls ehemaligen Arbeitskollegen und zogen dann nach Norden.

Nach unserer Ankunft in Ellendale nahm Carl sofort seine Arbeit auf, während ich damit begann, aus dem Haus, das wir am Stadtrand gekauft hatten, ein Heim zu machen. Es war ein wunderschönes Haus: alter spanischer Stil, etwa 15 Hektar Land mit einem Teich und 300 Kiefern. Wegen dieser Bäume und deren sanftem Rauschen nannten wir unser neues Haus bald „Flüsternde Kiefern". Brenda meldete sich im College von Jamestown an, 100 Kilometer nördlich von uns; Connie besuchte die Oberschule, und April liebte ihre erste Grundschulklasse.

Bald sollten unsere beiden älteren Mädchen selbständig werden. Innerhalb von zwei Jahren nach unserer Ankunft in North Dakota heiratete Brenda einen jungen Mann, Bud Smart, den sie im College kennengelernt hatte, und sie zogen nach Columbia, Missouri, wo Bud fertig studieren konnte. Ein Jahr später heiratete Connie Steve Bobzien, einen jungen Mann aus Ellendale, der zu jener Zeit am College in Wahpeton, North Dakota, studierte.

Doch inzwischen, etwa ein Jahr nach unserem Umzug, weigerte sich April, in die zweite Klasse zu gehen. Am ersten Tag brachten wir sie noch hin. Am zweiten Tag mußten wir sie praktisch aus der Tür schieben, damit sie den Schulbus erreichte. Am dritten Tag weinte sie, als sie die Einfahrt hinunterging, kehrte dann um und lief zurück ins Haus, als der Bus kam. Am vierten Tag brachte ich April zum Eingang der Grundschule. Sie warf sich auf den Rasen vor der Schule, weinte und flehte mich an, sie nicht zu zwingen hineinzugehen. Mehrere Passanten blieben stehen und fragten sich bestimmt, ob ich das Kind mißhandelte. Nachdem April endlich in ihrem Klassenraum verschwunden war, standen mir auf dem ganzen Nachhauseweg Tränen in den Augen.

Scheinbar konnten unsere Gebete die Situation nicht beeinflussen. Die Schule schien April plötzlich Angst zu machen, und sie ging nur unter großem Druck und nach beträchtlicher Überredung hin. Oft ließ ich sie zu Hause, weil ich einfach nicht die Kraft und Ausdauer fand, sie zum Gehen zu überreden.

Was die Sache noch peinlicher machte, war die Tatsache, daß ich in der Lokalzeitung eine ständige Kolumne schrieb. Diese Artikel wurden „Bettys Bissen" genannt, und waren voller Neuigkeiten, Beobachtungen und Humor. Die Leute der Stadt, die erwarten, daß ein Kolumnist einen großen Vorrat an Weisheit gesammelt hat, müssen überrascht gewesen sein, daß ich hilflos war, wenn es darum ging, mein verstörtes Kind in die Eingangstür der Schule hineinzubugsieren.

Ich wollte davonlaufen und mich verstecken. Davonlaufen tat ich — in meine Wäschekammer, wo ich die Tür schloß und um Hilfe betete. Gott half mir, als er mich daran erinnerte, daß Er uns nie versprochen hatte, daß unser Leben immer glatt verlaufen würde. Aber er hatte versprochen, daß ich alles von Ihm bekommen würde, was ich brauchte, wenn ich ihm mein ganzes Leben überließ. Es schien mir, als hätte Gott alle Türen um mich herum geschlossen, außer der Tür über mir.

Nachdem ich Gott gegenüber zugab, daß mein Stolz mir im Wege stand und ich nicht auf alles eine Antwort wüßte, öffnete sich ein Weg. Ich ging mit Carl und April zu einem guten Kinderpsychologen nach Jamestown. Nach einer Reihe von Sitzungen nahm er Carl und mich in sein Privatzimmer, wo das Kind uns nicht hören konnte, und teilte uns seine Beobachtungen mit.

„Die gründliche Untersuchung zeigte keine körperlichen Probleme. Da April eine intelligente Schülerin ist, hat sie keine Lernprobleme. Kein Lehrer hat sie belästigt oder mißbraucht. Ich fand heraus, daß April ihren Stiefvater fast so sehr wie ihre eigene Mutter liebt. Die Ursache ihres Problems liegt in dem Konflikt zwischen Ihnen, ihren Eltern, in Ihrem Streiten, Kritisieren, Ihrer Unruhe, der Spannung und dem Druck. Sie schlagen sich nicht, das stimmt. Sie schreien und brüllen sich gegenseitig auch nicht an. Sie schießen „Samtpfeile" aufeinander ab. Ihr Kind ist sehr intelligent und sensibel. Es meint, nicht zur Schule gehen zu können, weil es zu Hause bleiben muß, um Sie, ihre Eltern, davor zu bewahren, daß Sie sich gegenseitig verletzen. Durch Experimente mit neugeborenen Babys haben wir herausgefunden, daß Schwierigkeiten oder eine negative Atmosphäre in der Familie von Kleinkindern registriert werden, sogar dann, wenn sie im Raum nebenan schlafen und von dem Konflikt gar nichts hören.

Herr Malz, Sie sollten aufhören, sich über Kleinigkeiten zu ärgern. Seien Sie nicht so formell und kritisch. So z. B. wenn Staub auf der Antiquitätenvitrine liegt. Wenn Ihre Frau so viele kreative und wertvolle Dinge tut, wie Sie sagen, dann hat sie keine Zeit, die Vitrine abzustauben.

Frau Malz, versuchen Sie nicht, Ihren Mann zu einem Abklatsch Ihrer selbst oder jemand anderem zu machen, den Sie nach Ihrer Vorstellung hätten heiraten wollen. Wenn Sie mit Erfolg ein Chamäleon aus ihm machen würden, wäre es zu Ihrem Schaden. Entspannen Sie sich und lassen Sie die fünf Glieder Ihrer Familie sich entspannen!"

Das schlug bei uns wie ein Blitz ein. Wir waren gedemütigt und entsetzt! Hier waren wir, christliche Eltern, deren Nörgeleien unser Heim zerstörten.

Nach dieser Lektion setzten wir uns jeden Morgen mit

April hin, und Carl las einen Vers aus der Bibel. Dann sagte er: „Okay, Mutti, laß uns den »Kindersandwich« machen." Wir nahmen April in die Mitte, legten den Arm um sie, während Carl betete: „O Herr, sei mit April im Bus und auf dem Spielplatz. Schenk ihr einen frohen Tag in der Schule und schicke sie heute abend sicher wieder nach Hause. Wir lieben Dich, Herr. Wir lieben April und wir lieben einander. Amen."

Eine Veränderung trat nicht sofort ein, erst Wochen später. Eines Morgens sah ich April die Einfahrt hinunterhopsen, ihre grüne Frühstücksbüchse in der Hand. Die Collies wedelten mit ihren Schwänzen, als sie zum Abschied winkte, uns einen Handkuß zuwarf und auf das orangefarbene große Monstrum zuhüpfte, das sie jeden Morgen verschlang, um sie zur Grundschule zu befördern.

Es tut meinem Stolz weh, diese Geschichte zu erzählen. In meiner Gebetszeit jedoch kam ich zu der Erkenntnis, daß es wichtig sei, offener und ehrlicher zu sein, was meine Schwächen betrifft. Gott zeigte mir, daß der Mut zur Offenheit der Maßstab dafür ist, ob meine persönliche Erfahrung jemand anderem helfen kann. Ich war zwei Jahre alt, als man mich beten lehrte; doch wirklich beten lernte ich erst mit 42. Jedesmal wenn ich denke, meine Tage seien zu ausgefüllt um zu beten, lese ich diesen Vers:

> Ich wachte früh auf heute morgen
> und nahm mir Zeit, vor Gott hinzutreten.
> Es gab so viel zu besorgen,
> daß ich wußte: Ich muß mehr beten.

Die Zusammenstöße und Meinungsverschiedenheiten in unserer Ehe dauerten an, aber Carl und ich hatten durch unsere gemeinsamen Gebete eine solidere Basis gefunden, um mit ihnen fertig zu werden. Wenn er von der Arbeit aus verärgert oder bedrückt anrief, beteten wir gemeinsam am Telefon.

Weil Carl und ich solche Gegensätze waren, erkannten wir, daß wir in schwierigen Situationen immer die humorvolle Seite suchen mußten.

Als wir die Wichtigkeit gemeinsamer Gebete erkannt hatten, kauften wir uns zwei Karteikästen, einen für „Gebetsanliegen“, den anderen für „Erhörte Gebete“. Auf kleine Kärtchen schrieben wir unsere Gebetsanliegen. Kam eine Antwort, wie z. B. bei Aprils Schulproblem, schrieben wir auch die Antwort auf die Kärtchen und steckten sie in den Kasten „Erhörte Gebete“. Aber noch waren wir fast vollständig mit den Anliegen unserer eigenen Familie beschäftigt. Doch an einem Samstagmorgen, Ende Oktober 1972, trat ein Wendepunkt ein.

Ein Lastwagen fuhr zu unserer Einfahrt herein. Ein Mann und eine Frau, die die Kirche besucht hatten, in der Carl neben seinem Lehrauftrag Pastor war, kamen an die Tür und stellten sich als Andrew und Darlys Himanga vor. Schüchtern fragten sie, ob sie mit mir reden könnten. Ich lud sie ein, hereinzukommen. Lange drucksten sie unschlüssig herum, bis sie schließlich mit der Sprache herausrückten: Sie wollten ein kleines Kind adoptieren.

Carl konnte an dem Gespräch nicht teilnehmen, weil gerade eine Ladung Fertigzement angekommen war, die er an Ort und Stelle dirigieren mußte. Also ging Andrew hinaus, um mit Carl zu sprechen, während er arbeitete, und Darlys setzte sich zu mir, um ihre Geschichte zu erzählen. Die Himangas waren Eigentümer einer großen Getreidefarm in der Nähe von Frederick in Süd-Dakota; das Grundstück war von ihren finnischen Vorfahren erworben worden. Sie wünschten sich sehnlichst Kinder, doch klinische Tests ergaben, daß sie kein eigenes Kind haben würden.

Da beide schon fast 40 Jahre alt waren, fanden sie keine Adoptionsstelle, die ihren Antrag annehmen wollte. Darlys sehnte sich so sehr nach Kindern, daß sie sich gelegentlich das Kind ihrer Schwester „auslieh“, um der Liebe, die in ihr aufgestaut war, Ausdruck zu verleihen. Ich fühlte mich geleitet, Darlys von meinem Blinddarmdurchbruch zu erzählen, daß die Infektion meine inneren Organe so schwer geschädigt hatte, daß die Ärzte meinten, ich könnte nie mehr schwanger werden und wenn, könnte es ein mißgestaltetes Kind werden. Dann rief ich April herein und zeigte ihr mein Wunderkind, sechs Jahre nach der Krankheit geboren.

Ich nahm Darlys' Hand. „Glaubst du an Wunder?"

Sie antwortete nicht.

„Ich weiß von keinem Baby, das zur Adoption freigegeben ist", fuhr ich fort. „Doch ich kenne die Kraft des Gebets im Namen Jesu. Er kann in deinem Körper ein Baby zum Leben erwecken!"

Tränen traten in ihre sanften braunen Augen, und ich nahm ihre beiden Hände in meine und betete kühn: „Himmlischer Vater, ich bitte dich, Darlys und Andrew ein eigenes Kind zu schenken. Du hast es Sara ermöglicht, für Abraham ein Kind zu tragen, als niemand mehr daran glaubte. Bitte tue es auch für Darlys. Ich bitte im Namen Jesu, deines Sohnes. Amen."

In den folgenden Tagen beteten Carl und ich für die Himangas. Wir schrieben ihr Gebetsanliegen auf eine Gebetskarte. Ich sah Darlys nicht wieder bis zur Weihnachtszeit, zwei Monate später. Fast alle hatten die Kirche verlassen, als ich plötzlich Darlys auf die Orgel zukommen sah, wo ich mit mehreren Freundinnen sprach. Schüchtern legte sie einen weißen Umschlag auf den Notenständer und ging wieder. Er war an mich adressiert, aber ich wartete, bis ich nach Hause kam, um ihn zu öffnen. Es war eine Weihnachtskarte mit einem Bild von Maria und Jesus. Auf der Karte stand folgendes:

„Liebe Betty, ich habe gute Nachrichten für dich. Diesen Monat ist meine Periode wieder ausgeblieben. Mein Magen ist ein bißchen durcheinander; das muß ein Zeichen sein. Das ist das größte Weihnachtsgeschenk, das ich je bekommen habe. Ich spüre, Gott hat mich mit einem Kind gesegnet. Preis dem Herrn! Ich bin froh, daß wir kein Kind adoptieren müssen.

In der Liebe Jesu, Darlys Himanga."

Ich weinte selten, aber damals tat ich es. Ich hielt die Bestätigung, daß Gott unser Gebet erhört hatte, in der Hand. Er hat Carl und mich als Team benutzt, zusammen das Wunderbare und Unmögliche zu glauben. Im folgenden August fand ich wieder einen Umschlag in meinem Briefkasten. Er enthielt eine rosa Geburtsanzeige mit der handgeschriebenen Nachricht:

> Ich heiße Bertha Helen Himanga.
> Ich bin am 31. Juli 1973 angekommen!!!
> (Rechne es dir aus!)
> Gewicht: 3130 g.
> Größe: 50 cm.
> Brustumfang: 33 cm.
> Kopf: 33 cm.
> Meine Eltern: Darlys und Andrew Himanga.

Ich rechnete zurück. Darlys hatte nur ein paar Tage nach ihrem Besuch bei uns empfangen. Während der vergangenen Jahre sind wir in Verbindung geblieben. Vor zwei Wochen erhielt ich ihr letztes Familienbild. Sie haben drei wunderschöne Kinder, die innerhalb von vier Jahren geboren wurden. Auf der Rückseite des Bildes stand noch eine Notiz: „Bitte hört auf, für mich zu beten. Sagt Gott, Er solle den Bogen nicht überspannen!"

Mein Gebet für die Himangas war nicht nur ein wichtiger Meilenstein in deren Leben, sondern auch in meinem. Ich hatte mich in den Gebeten zu sehr um mich selber gedreht. Gott wies mich nun auf die Nöte anderer hin. Je mehr ich mich für andere Menschen einsetzte, desto schneller und entscheidender antwortete Er auf meine Schwierigkeiten.

Mein Gebetsleben begann nach den folgenden Richtlinien abzulaufen:

1. Bete früh und oft. Wenn ich früh am Morgen erwache, spreche ich zuerst mit Gott, bevor ich mit meinem Mann spreche. Das letzte, was ich vor dem Einschlafen tue, wenn ich meinem Mann einen Gutenachtkuß gegeben habe: ich bete still. Wenn ich den Tag mit Gebet beginne und beende, füllt der Herr den Zwischenraum mit seiner Freude, Liebe und Führung aus.

2. Konzentriertes Gebet. Gewöhnlich schließe ich meine Augen, damit ich nicht von den Dingen um mich herum abgelenkt werde. Oft knie ich. Für mich ist Knien praktizierte Demut. Ich habe einmal einen Collegeprofessor gesehen, der eine Einkaufsliste zusammenstellte, während der Pastor betete. Das ist Gotteslästerung, dachte ich. Sofort fühlte ich einen Finger, der auf mich zeigte. Wohin wandern deine Augen? Wie viele Male hatte ich angefangen zu beten und dann waren mir ganz andere Gedanken gekommen: Habe ich Fleisch aus dem Kühlfach genommen, um es aufzutauen? Habe ich das blaue Hemd zur Reinigung geschickt? Was für eine Gedankenlosigkeit! Konnte ich wirklich von Gott erwarten, Er würde mir seine Aufmerksamkeit zuwenden, während ich an Bagatellen dachte?

3. Vergib jemanden. Jesus hat gesagt, unsere Gebete würden nicht erhört werden, wenn wir nicht zuerst allen Menschen vergeben haben. Ich vergab einem Geschäftsmann, der mich um 9000 Dollar geprellt hatte, als mein Mann starb. Ich vergab dem Arzt, der eine falsche Diagnose stellte, die zu meinem Blinddarmdurchbruch führte. Als ich während des Erlebnisses im Krankenhaus ein Stück der Herrlichkeit Gottes sehen durfte, gefolgt von einer vollständigen Heilung, war ich zu glücklich, am Leben zu sein, um einen Prozeß gegen ihn anzustrengen.

4. Rechne mit der Erhörung. Ich betete und erwartete, daß Gott mein Gebet erhörte. In der Erwartung entdecke ich,

daß Gebet nicht bedeutet, Gottes Bedenken zu überwinden, sondern seine Bereitschaft zu nutzen. Er liebt mich, und Er möchte mir Erfüllung schenken. Er wird nicht alles geben, worum ich bitte. Doch das bedeutet nicht, daß ich aufhören sollte zu bitten und zu erwarten. Wenn ich anfange mich zu sorgen, ist mein Glaube auf dem Rückzug. Wenn mein Glaube nachläßt, ist es mir beinahe unmöglich, erwartungsvoll zu beten. Dann suche ich Gott, bitte ihn um Vergebung für meine Zweifel, gebe meine Hilflosigkeit zu, und bald beginnt sich mein Gefäß mit dem lebendigen Wasser des Glaubens zu füllen. Es geschieht allerdings manchmal, daß unsere Glaubenserwartung so nahe mit unserer Not in Berührung kommt, daß wir nicht wirklich glauben können. Vor mehreren Jahren ging es mir so mit meiner Freundin Lois Mitchell. Damals betete ich um einen Ehemann. Nach sechs Jahren hatte ich aufgegeben. Ihre Not war die Krankheit ihres Ehemannes Bernard, der einen schweren Herzschaden hatte. Monatelang konnte er nicht arbeiten, nicht einmal Treppen steigen. Wir waren uns in unserer gemeinsamen Not so nahe, daß wir uns entschlossen, füreinander zu beten und wirklich mit der Erhörung zu rechnen.

Und so ging ich jeden Tag auf meine Knie, Bernards Krankheit war mein Hauptanliegen. Ich sah, wie die Liebe Jesu ihn umgab. Ich stellte mir Jesu heilende Hand vor, wie sie sich gütig auf sein Herz legte. Dann stellte ich mir vor, wie der Herzmuskel und das Muskelgewebe neue Lebenskraft erhielten, wie es das Blut mit kräftigen Schlägen durch seinen Körper pumpte. Ich sah alle Teile seines Körpers, wie sie das lebenspendende Blut empfingen, genauso wie vertrocknete Erde den sanft niederrauschenden Regen trinkt.

Indem ich mein eigenes Anliegen durch das Gebet für Bernard vergaß, begann ein geistliches Gesetz zu wirken: „Gebet, so wird euch gegeben. Ein voll, gedrückt, gerüttelt und überfließend Maß wird man in euren Schoß geben“ (Lukas 6, 38).

Wochen und Monate gingen vorüber. Lois berichtete, daß Bernard Besserung verspürte. Ich traf und heiratete Carl Malz. Dann schrieb Lois vor mehreren Monaten, vom Arzt sei gerade ein erstaunlicher Bericht gekommen: Bernard hatte seinen Belastungstest durchlaufen, und es gab keine Schwäche mehr, weder am Herzen noch in den Arterien. Es sei keine medizinische Behandlung mehr nötig!

5. Sei willig zu warten. Ich versuche oft, Gott zur Eile zu treiben, aber das klappt niemals. Sein Zeitplan ist stets der beste für uns; das scheine ich jedoch nie zu lernen. Ein Tankstellenwärter gab mir kürzlich eine gute Lektion in Geduld. Ich war auf dem Weg zum Flughafen an die Tankstelle herangebraust. „Voll! Und bitte schnell!“ rief ich, wie so oft in Eile. Er schaute mich ruhig an und sagte: „Meine Dame, diese Pumpe hat keinen Geschwindigkeitsregler. Entspannen Sie sich und stellen Sie den Motor ab. Wenn der Tank voll ist, wird die Pumpe sich automatisch abschalten. Und denken Sie daran, Sie können nicht losfahren, bevor ich nicht den Verschlußdeckel auf Ihren Tank geschraubt habe!“

Ich sehe jetzt, daß der holprige Start in die Ehe für Carl und mich gut war. Da wir beide uns nicht nach unserer Vorstellung in Ordnung bringen konnten, wandten wir uns hilflos an Gott. Unsere größte Not war seine Chance. Als wir begannen, zusammen zu beten, erhörte uns Gott. Carls Brief, den er mir zu unserem vierten Hochzeitstag schrieb, trieb mir Tränen in die Augen.

> Liebe Eva,
> gestern sagte Paul Davidson (ein Lehrerkollege) zu mir: „Betty ist jemand ganz Besonderes für dich, nicht wahr? Jedesmal wenn du ihren Namen erwähnst, kommt ein Leuchten in deine Augen!“ „Ja, so ist es“, antwortete ich. „Sie gibt es nur einmal auf der ganzen Welt.“ Liebling, an unserem vierten Hochzeitstag spüre ich, wir haben gerade erst ange-

fangen! Es ist wie mit dem Volk Israel, das schon jahrelang eine Nation war, aber dann beim Passahfest jedesmal gesagt bekam: „Dies soll für euch der Anfang sein.“ Ich liebe dich sehr!

Adam

Ich saß einige Zeit still im Sessel, voll Dankbarkeit in meinem Herzen, und hielt den Brief in der Hand. In den Augen der Welt paßten wir nicht zusammen. Aber Gott sagte uns, die Meinung der Welt nicht zu beachten und unsere Augen auf Ihn gerichtet zu halten. Ich betete, daß wir das auch weiterhin tun könnten.

4

GEBET UM WEISHEIT UND LEITUNG

Wir hatten eine neue Entscheidung zu fällen. Carls 4jähriger Vertrag als Lehrer am Trinity College lief aus, und er hatte eine Einladung nach Pasadena in Texas erhalten, wo er sich als Pastor in einer Gemeinde vorstellen sollte. Wir baten Gott, uns bei der Entscheidung zu helfen, ob wir nach Texas gehen oder für weitere vier Jahre in Springfield bleiben sollten. Innerlich war ich hin- und hergerissen. Brenda und Connie hatten ihre Lebensgefährten in North Dakota gefunden, waren glücklich verheiratet und leicht zu besuchen. Und ich wollte nicht von den „Flüsternden Kiefern", unserem alten, spanischen Haus weg.

Der Gedanke, in einem Pfarrhaus zu wohnen und Frau eines Pastors zu sein, behagte mir absolut nicht. Als Kind hatte ich in Pfarrhäusern gelebt und beobachtet, wie meine Mutter knausern und sparen und sich aufopfern mußte, ganz wie es von einer Pastorenfrau erwartet wird. Ich fand die Ansicht, im Rampenlicht zu stehen und beständig ein gutes Beispiel geben zu müssen, abscheulich und kam mir vor wie ein Goldfisch in seinem Becken.

Daß Carl ein ordinierter Pastor war und damit immer die Möglichkeit hatte, in den Gemeindedienst zu gehen, war einer der Gründe gewesen, der mich zögern ließ, ihn zu heiraten. Damals hatte er meine Ängste beschwichtigt, als er sagte, er sei kein Prediger mehr, sondern Schriftsteller und Lehrer. Jetzt sah es so aus, als würde ich in etwas hineingeführt, was ich mir durchaus nicht wünschte. Andererseits wohnten mein Vater und drei Brüder in Texas. Wenn Carl das Pastorat annahm, würde ich Gelegenheit haben, sie öfters zu besuchen.

Doch als wir nach Texas flogen, um uns vorzustellen und uns umzusehen, hatte ich das starke Verlangen zu bleiben, wo wir waren. Die Gegend um Pasadena war mit Ölraffinerien übersät. Gulf, Texaco, Shell und Phillips waren dort einträchtig versammelt. Wie Hunderte von Weihnachtsbäumen erleuchteten die Abgasfackeln den Nachthimmel.

„Wonach riecht es hier?“ fragte ich den Mann, der uns herumführte.

„Was Sie riechen, meine Liebe, ist Geld! Abgase der Ölraffinerien. Augen und Lungen ertragen es schwer, aber es trägt sich leicht in der Brieftasche.“

Der Blick aufs Pfarrhaus war nur ein schwacher Trost. Es war ein hübsches Backsteinhaus mit acht Zimmern. Aber nur 10 Meter vom Schlafzimmer entfernt führte eine belebte Straße vorbei, wo jede Nacht LKW‘s vorbeidröhnten.

Mittlerweile hatte ich gelernt, nicht meinen Gefühlen zu trauen, wenn Carl und ich jeden Morgen in der Frühe über eine Entscheidung beteten. Wir suchten Gottes Hilfe und gebrauchten dabei als Grundlage Jakobus 1, 5: „Wenn aber jemandem unter euch Weisheit mangelt, der bitte Gott, der da gern gibt jedermann und allen mit Güte begegnet, so wird ihm gegeben werden.“

Am nächsten Morgen fragte mich der Vorsitzende des Komitees, ob ich irgend etwas am Pfarrhaus geändert haben wollte. Zu meinem größten Erstaunen hörte ich mich sagen: „Wir haben um Gottes Leitung wegen dieses Umzugs gebetet. Wenn die Gemeinde meinen Mann als Pastor an diese Kirche berufen wird, nachdem 39 andere Bewerber vor uns abgewiesen wurden, wird mir das Pfarrhaus vollkommen genügen, so wie es ist.“

Der Predigttext der Vorstellungspredigt lautete: „Elia, die Raben werden dich dort versorgen.“ Carl machte der Gemeinde deutlich, daß es Gott war, der Elia befohlen hatte, an den Bach zu gehen und sich dort niederzulassen. Elia war nicht frei hinzugehen, wohin er wollte, weil Gott den Raben befohlen hatte, alles, was Elia brauchte, genau an den Platz zu tragen, den Er bestimmt hatte. Als Kinder Gottes müssen wir herausfinden, wo unser Platz ist, und genau an diesem Platz wird uns Gott auch versorgen. Wehe mir, wenn ich nicht dort bin, wo ich sein soll! Wehe mir, wenn ich irgendwohin gehe und der Umzug steht nicht unter Gottes Führung! Dann schloß Carl: „Wenn dieser Dienst Gottes Wille für euch und für uns ist, werden wir eine unmißverständliche Bestätigung darüber erhalten."

Die Glieder der Gemeinde stimmten einmütig dafür, daß Carl ihr Hirte werden sollte. Ich fühlte, wie mein Widerstand in der ruhigen Gewißheit, daß hier in Pasadena unser Platz war, dahinschmolz.

Die Entscheidung erwies sich in jeder Beziehung als richtig. Während der drei Jahre in Pasadena segnete uns Gott, indem Er uns viele Freunde in der Gemeinde schenkte, die mit Gehalt, Gaben und vielen Aufmerksamkeiten sehr großzügig waren. Am ersten Sonntag kamen 51 Besucher, innerhalb von Monaten wuchs die Zahl durchschnittlich auf 300 bis 400. Der neue Wohnort gab mir eine gute Gelegenheit, ein Buch zu schreiben und in Versammlungen zu sprechen. Sogar Fernsehauftritte waren unvorhergesehene Möglichkeiten, dem Herrn zu dienen. Hätte ich auf meine persönlichen Wünsche gehört, dann hätte ich darauf bestanden, daß Carl diesen Ruf nicht annahm. Gott sei Dank hörte ich auf Ihn, nicht auf meine Gefühle!

Diese Erfahrung lehrte mich, in allen möglichen Situationen Gottes Führung zu suchen. Während einer Art Kreuzverhör, die meiner Ansprache vor einer Gruppe von Universitätsstudenten in Moorhead folgte, trat ein junger Mann in einem dunklen Jackett vor und sprach mich an. „Ich glaube die Geschichte nicht, die Sie über Ihren Tod und die Rückkehr ins Leben erzählen."

Er war so feindselig, daß ich ein schnelles Gebet um Hilfe zum Himmel schickte. Dann antwortete ich, meine Geschichte sei nicht ungewöhnlich, mehrere Berichte, ähnlich der meinen, ständen schon in der Bibel. Ich nannte ihm noch einige Beispiele, erwähnte Lazarus und Tabea, und nicht zuletzt die Auferstehung Jesu.

„Ich glaube nicht an Gott, die Bibel ist eine freie Erfindung!" entgegnete er.

„Wenn Sie nicht an Gott glauben, dann können Sie natürlich auch meine Geschichte nicht glauben."

Er schaute mich gespannt an. „Zeigen Sie mir Gott. Stellen Sie mich Ihm vor, ich will Ihm die Hand schütteln, dann werde ich an Ihren Gott glauben."

Ich betete still. „Herr, wenn Du mir nicht eine Antwort an diesen jungen Mann gibst, will ich lieber schweigen, anstatt ihm die falsche Antwort zu geben."

„Wenn Sie bis nach der Fragestunde warten wollen", erwiderte ich, „werde ich mit Ihnen persönlich sprechen. Vielleicht kann ich etwas tun, um Ihnen zu helfen."

Er antwortete schnell und äußerst bissig: „Wenn Sie mir wirklich helfen wollen, dann sehen Sie mal nach, ob Sie zwei Aspirin in Ihrer Tasche haben. Ich habe verdammte Kopfschmerzen."

Ich sagte jetzt etwas, was nicht aus mir selbst kam. „Ich glaube nicht, daß Sie Kopfschmerzen haben. Ich habe noch nie welche gesehen. Wenn Sie mich Ihrem Kopfschmerz vorstellen und ich ihm die Hände schütteln darf, will ich glauben, daß Sie einen haben und werde Ihnen einen ganzen Karton Aspirin kaufen."

Die Fragestunde endete danach in einem guten Geist, doch der junge Mann blieb nicht für eine persönliche Aussprache zurück. Als ich den Saal verließ, war ich voller Verwunderung darüber, wie der Heilige Geist diese schwierige Situation durch mich gemeistert hatte — indem er meinen Humor gebrauchte.

Eines Tages, ich wollte gerade auf dem Flughafen von Atlanta das Flugzeug besteigen, hörte ich den Zuruf einer Frau. ,,Betty, warten Sie bitte eine Minute!" Ich drehte mich um und sah eine attraktive junge Frau, gut angezogen, aber mit großem Übergewicht, auf mich zukommen. ,,Ich habe gerade Ihr Buch gelesen", sagte sie. ,,Darin schreiben Sie, daß für Gott nichts unmöglich sei. Haben Sie eine Idee, wie ich mein Gewicht unter Kontrolle bekommen kann? Ich habe es schon mit Diäten, Pillen, einem Psychologen und mit Hypnosen versucht. Nichts hat geholfen! Was soll ich nur tun?"

,,Herr, was soll ich antworten?" Die Antwort kam: ,,Versuchen Sie es mit der Bibel. Psalm 141, Vers 3: »Behüte meinen Mund, o Herr, bewahre meine Lippen.« Schreiben Sie diesen Vers auf und lesen Sie ihn jedesmal, wenn Sie in Versuchung kommen, zu naschen oder um Nachschlag zu bitten", empfahl ich ihr.

Als ich meinen Platz im Flugzeug fand, war ich überrascht über meine Antwort. Es war derselbe Vers, der mich vor Jahren zurückgehalten hatte, gegenüber meiner Schwiegermutter vom Leder zu ziehen, als sie mich kritisierte. Doch paßte er auch genauso auf einen Vielfraß. Gottes Wort ist schärfer als ein zweischneidiges Schwert, das in zwei Richtungen schneidet.

Monate später erhielt ich über meinen Verleger einen Brief von dieser Frau. Sie hatte den Vers aus dem Psalm an die Kühlschranktür geklebt. Wie eine Schildwache hatte er vor der Tür ihres Mundes gestanden, ihren Appetit überwacht und die Versuchung abgewendet, sich übermäßig vollzustopfen. Inzwischen hat sie bereits 46 Pfund abgenommen und zur Freude und Verwunderung ihres Mannes und ihrer Familie das Gewicht gehalten.

Ich will mit diesen Erfahrungen nicht sagen, daß Gebete um Gottes Leitung eine grundlegende Erziehung ersetzen. Sie ergänzen nur das, was wir durch die Erkenntnis lernen, die

Er uns schenkt. Es gibt eine Schriftstelle in Johannes 14, 26 die besagt: „Der Heilige Geist wird euch an alles erinnern, was ich euch gesagt habe." Wenn wir es nötig haben, jemandem mit einem Wort der Erkenntnis zu helfen, wird Er uns die Antwort geben. Es ist sein Wunsch, durch uns zu sprechen und uns zu lehren, was wir sagen sollen.

Mein Vater brachte mir als Kind folgenden Satz bei: „Betty, lerne alles, was du kannst, und tue dein Bestes. Dann bete, und Gott wird dir sein Bestes geben, und das wird den Unterschied ausfüllen."

Während der Reise zu einer Gebetskonferenz nach Ontario in Canada schaute ich mir meine Notizen noch einmal durch. Irgendwie erschienen sie mir unzulänglich. Deswegen betete ich: „Herr, ich möchte nicht, daß dies nur wahllose Gedanken sind; hilf mir, Worte zu finden, die den Anwesenden wirklich helfen, ihre Probleme zu lösen.

An jenem Abend kniete ich in meinem Hotelzimmer, hatte meine Bibel aufgeschlagen vor mir und suchte eine bestimmte Schriftstelle. Ich fand sie in Jesaja 57: „Friede dem, der in der Ferne ist (Kanada ist weit weg von Texas), und ich will sie heilen." „Friede nach Gebet" wurde mein Thema. Als ich mich am Rednertisch niederließ, bemerkte ich, daß das Gesamtthema Frieden war. Sogar die Dekoration mit einer Taube, das Symbol des Friedens, deutete darauf hin. Wie treffend! Das Gebet hatte mir den Weg gezeigt, um das Ziel richtig ins Visier nehmen zu können.

In meiner Ansprache beschrieb ich, wie beruhigend es ist, am Wasser eines ruhig dahinfließenden Flußes zu sitzen, und zitierte Psalm um Psalm. Dann sprach ich über die natürliche Heilkraft des Wassers und beschrieb, wie mein Gesicht ausgesehen hatte, als ich 13 war: übersät mit Pickeln. Ich hatte verschiedene Heilmittel ohne Erfolg angewendet. Immer noch sah meine Haut wie ein Streuselkuchen aus. Als ich schließlich einen Hautarzt aufsuchte, sagte dieser „Trinke jeden Tag 6—8 Glas Wasser."

Das klang zu einfach, zu leicht, aber ich tat es. Das Wasser schwemmte die Unreinheiten aus meinem Körper hinaus, und mein Gesicht wurde rein. Die folgenden Ereignisse, die durch diese einfache Illustration ausgelöst wurden, verblüfften mich. Eine Frau mit einer Blasenentzündung, die durch Penicillin nicht beseitigt werden konnte, versuchte die Wasserkur. Die Infektion war bald weg. Zwei Besucher schrieben mir, sie hätten nie Kontaktlinsen tragen können. Nachdem sie täglich 8 Glas Wasser getrunken hatten, sammelte sich genügend Feuchtigkeit in den Augen, die das Tragen der Kontaktlinsen erleichterte. Eine junge Frau mit einer unangenehmen trockenen Vagina schrieb mir, daß ihr bisher nichts geholfen habe. Aber die Anwendung der Trinkkur habe ihr vollständige und wohltuende Erleichterung gebracht.

Eine Mutter von vier Teenagern schrieb mir, daß ihre Kinder durch die Wasserkur ihren Teint und ihre Haut rein bekommen hätten. Die Kinder könnten jetzt Schokolade essen, solange sie das Wassertrinken beibehielten. Heute noch bekomme ich Post von Leuten mit Verdauungsproblemen, die nicht genug Hilfe durch Abführmittel bekamen, aber entdeckten, daß das Wassertrinken ihre Schwierigkeit beseitigte.

Wenn ich normalen Überlegungen gefolgt wäre, hätte ich gedacht, daß dieser Tip mit dem Wasser zu unbedeutend wäre, um ihn vor einer großen Zuhörerschaft zu erwähnen. Der Heilige Geist ist ein vollkommener Ratgeber, gerade wenn Sie zu einer großen Gruppe Menschen sprechen.

Vor mehreren Jahren erhielt ich drei Einladungen für Vorträge, alle an einem Tag. Eine kam von einer Presbyterianerkirche, die mir ein großzügiges Honorar bot; eine andere lud mich ein, vor einem Club von Geschäftsleuten zu sprechen. Auch hier wurde ein gutes Honorar geboten. Außerdem sollte sich noch eine Autogrammstunde in einem örtlichen Buchladen anschließen. Die dritte war eine Einladung nach Los Angeles, um Geld für Teen-Challenge aufzutreiben.

Natürlich neigte ich dazu, die Einladung der Kirche anzunehmen, weil sie in der Nähe unseres Wohnorts lag. Die beiden anderen erforderten lange Flüge, und ich vermeide gern Reisen, wenn es möglich ist.

Ich tat das, was ich bei jeder Einladung zu tun gelernt hatte: ich fragte den Herrn um Rat. Zwei Tage später nahm ich die Einladung von Teen Challenge in Los Angeles an. Dann bat ich Gott, mir einen Entwurf und ein Hauptthema für den Vortrag zu geben, da Er ja wußte, wer kommen würde. Das Thema lautete: ,,Ich mußte sterben, um leben zu lernen."

Am Schluß der Veranstaltung kam eine junge 24jährige Frau nach vorn und weinte vor Freude und Erregung. ,,Ich hatte nicht vorgehabt, hierherzukommen", sagte sie mir. ,,Ich habe nie die Kirche besucht, nie die Bibel gelesen. Ich schob gerade einen Einkaufswagen im Supermarkt vor mir her, als eine Frau, die ich nicht kenne, auf mich zukam und sagte, sie habe eine Karte gekauft, um ein Essen zu besuchen, bei dem eine Schriftstellerin sprechen sollte. Nun könnte sie nicht gehen. Ob ich die Karte haben wollte? Ich würde ein gutes Essen bekommen und eine Rednerin mit einer ungewöhnlichen Geschichte hören. Ich weiß nicht, warum ich zusagte, aber ich tat es."

An diesem Punkt begann sie zu lachen, zu weinen und meine Hand kräftig zu schütteln. Sie sagte: ,,Keiner hat mir gesagt, daß ich Tommy je wiedersehen würde. Ich hatte keine Ahnung, daß ich meinen kleinen Jungen je wieder in meinen Armen halten würde. Ich dachte, sein kleiner Körper würde immer in der Erde liegen, es wäre alles vorbei, alles hätte ein Ende."

Als sie sich beruhigt hatte, erfuhr ich die Einzelheiten. Sie und ihr Gatte trauerten um ihr einziges Kind, Tommy, das vor fünf Monaten im Alter von zwei Jahren gestorben war. Sie gab zu, seither keine gute Ehe- und Hausfrau gewesen zu sein. Sie hatte keinen Lebensmut mehr und sehnte sich danach zu sterben. Als ich bei meinem Vortrag aus der Bibel vorlas, daß wir im Himmel erkennen würden, wie wir erkannt sind, wäre sie beinahe von ihrem Sitz aufgesprungen.

Wie könnte sie jemals in den Himmel kommen? Sie war nicht religiös. Als einige für sie beteten, daß Jesus als ihr Herr und Heiland in ihr Herz kommen möchte, betete sie auch dafür. Plötzlich wußte sie, sie würde Tommy wiedersehen und in ihren Armen halten. „Ich kann es nicht erwarten, bis mein Mann heute von der Arbeit kommt und ich ihm erzählen kann, was ich getan habe — und daß auch er Tommy wiedersehen kann. Noch nie hat uns jemand gesagt, daß Tommy eine Chance bekäme, wieder zu leben. Ich fühle mich, als hätte ich gerade erst angefangen zu leben. Jetzt will ich nicht mehr sterben!"

Als Folge der gleichen Versammlung in Los Angeles, zu der der Herr mich gesandt hatte, kam eine der ungewöhnlichsten Gebetserhörungen, die ich je erlebt hatte.

Die letzte Frau, die nach dem Essen zu mir kam, tat sehr geheimnisvoll. „Kann ich Sie ein paar Minuten privat sprechen?" fragte sie.

Der einzige Raum, der zur Verfügung stand, war ein kleiner Konferenzraum, in den verschiedene Garderobenständer hineingeschoben worden waren. Es war nur Platz für zwei Stühle. Sie schloß sorgfältig die Tür, und wir setzten uns. „Nennen Sie mich Ruth, aber bitte fragen Sie mich nicht nach meinem vollen Namen. Es ist wegen meines Mannes", begann sie. „Ich versuche, sein schreckliches Geheimnis zu bewahren."

Sie kontrollierte nochmals die Tür, stellte sich dann ans Fenster und schaute hinaus. „Mein Mann ist Professor an einem staatlichen College, nicht weit von hier. Er hat mich um einer anderen Frau willen verlassen. Es bricht mir fast das Herz, so wie unsere Ehe zerbrochen ist. Ich kann nicht einmal mehr weinen." Sie rang um Fassung und sprach weiter: „Sie sagten heute »Wenn du vertrauen kannst, sind alle

Dinge möglich«. Meinen Sie, Gebet und Vertrauen würden nicht nur einen Umstand ändern, sondern auch eine Gesinnung... die meines Mannes?"

„Ja, das meine ich. Die Bibel sagt uns, daß Jakob mit einem Engel rang und er dadurch verändert wurde." Ich schaute Ruth an und fragte mich, wie ein Mann sie verlassen konnte. Sie wirkte noch jetzt ausgeglichen, hatte eine angenehme Stimme und zeigte eine ruhige Eleganz. Die wenigen silbergrauen Strähnen, die ihr dunkles Haar durchzogen, wurden sogar durch ihre silbernen Ohrringe und ihre Halskette noch hervorgehoben. Alles paßte in perfekter Weise zu ihrem dunklen Velourskleid.

„Mein Mann lebt seit mehreren Monaten in einem Appartement mit seiner jungen Sekretärin", fuhr sie fort. „Ich habe sein Geheimnis für mich behalten in der Meinung, er würde bald zur Besinnung kommen und feststellen, daß dieses Mädchen im selben Alter ist wie unsere verheiratete Tochter. Ich hoffte, er würde erkennen, wie töricht diese Affäre wirklich ist. Ich möchte nicht, daß seine Schüler es wissen. Sie würden das Vertrauen zu ihm verlieren."

Sie saß auf dem Stuhl und faltete die Hände. „In der vergangenen Woche saß ich eines Morgens allein in unserem Frühstückszimmer, trank eine Tasse Kaffee und beobachtete die Vögel, die sich ihr Frühstück an dem Vogelhäuschen holten. Plötzlich fuhr mein Mann in die Einfahrt. Ich war so froh, daß ich meine Haare frisiert hatte und den Morgenmantel trug, den er so gern an mir sah. Während er aus dem Auto stieg, schenkte ich ihm eine Tasse Kaffee ein und stellte sie neben meine auf den Tisch. Ich versuchte fröhlich zu sein, als ich ihn zur Seitentür hereinließ.

Er kam herein, schüttelte den Kopf, als ich ihn fragte, ob er eine Tasse Kaffee wolle. Unbeweglich stand er da und sagte: »Ich freue mich, daß du auf bist. Ich war unterwegs zur Schule und entschied mich, anstatt dich anzurufen vorbeizukommen. Debbie ist mit dem gegenwärtigen Zustand nicht zufrieden. Sie möchte einen Gatten und Kinder. Bitte reiche eine Scheidungsklage wegen Ehebruchs ein. Das wird es für alle leichter machen.« Als er abfuhr, war ich so mutlos und durcheinander, daß ich nur noch sterben wollte."

Ich nahm ihre Hand und drückte sie fest. ,,Ich kann Ihnen nicht helfen", sagte ich, ,,aber ich weiß, wer es kann. Wir wollen gerade jetzt zu Ihm beten."

Sie nickte. ,,Das möchte ich auch."

,,Himmlischer Vater, du kannst kranke Körper heilen, aber auch zerbrochene Beziehungen wieder herstellen", betete ich. ,,Bitte, bring diese Ehe wieder in Ordnung, stelle sie wieder her und verwandle den Schmerz dieser Frau in Freude. Spanne einen Regenbogen über all ihre Tränen. Kläre die Verwirrung ihres Gatten. Berühre sein Herz, führe ihn zur Buße. Das bitten wir auch für Debbie, damit sie erkennt, daß der Weg zu einer Familie mit Kindern nicht über die Verführung eines verheirateten Mannes geht. Reinige und kläre diese ganze Situation, Herr. Im Namen Jesu bitten wir dich."

Dieses Gespräch fand am 9. Dezember statt. Zehn Tage später, am 19. Dezember, sprach ich in Houston im Holiday Inn Hotel beim Essen einer Vereinigung christlicher Frauen. Mein Thema hieß: ,,Weihnachtsgebete." Gegen Ende meines Vortrags traf ich die Feststellung, daß Gott zu Weihnachten zerbrochene Herzen und auch zerbrochene Familien wieder herstellen würde und uns geben, was unser Herz wünscht, wenn wir Ihn darum bitten.

,,Das ist Sein Geschenk an uns. Wenn alles zwischen uns und unseren Mitmenschen in Ordnung ist, werden wir seine Gegenwart spüren. Dann wird Weihnachten für uns wichtiger sein als alle Geschenke."

Dann betete ich: ,,Herr Jesus, wir spüren, daß deine Kraft jetzt beginnt, unsere Gebete zu beantworten. Wenn es hier jemanden gibt, der dich noch nicht angenommen hat, wenn jemand hier ist, der deine Vergebung braucht, der sich nach dem ewigen Leben sehnt, das du versprichst, gib ihm jetzt einen leisen Rippenstoß, Herr. Berühre sein Herz. Laß ihn eine Entscheidung treffen."

Ich öffnete meine Augen und sah, wie eine hübsche junge Frau in einem rosa Jerseykleid zur Tür hinausging. Da Leute selten weggehen, wenn jemand betet, dachte ich, sie wäre vielleicht krank. Nach dem Gebet blieben viele noch sitzen, und ich gab noch einige Tips und Vorschläge für Weihnachtsgrüße. Dabei sah ich die junge Frau wieder hereinkommen, sie legte den Kopf ein paar Minuten auf ihre Arme, dann setzte sie sich aufrecht hin. Ich war überzeugt, daß ihr nicht gut war.

Als ich den Speisesaal verließ, blieb ich stehen, um mit einer der Serviererinnen zu sprechen. Da kam die junge Frau, die während des Gebets hinausgegangen war, auf mich zu. Sie wartete, bis ich mich ihr mit voller Aufmerksamkeit zuwandte. Dann warf sie plötzlich die Arme um meinen Hals und begann hemmungslos zu weinen. Als wir zwei Stühle an der Seite des Raumes gefunden hatten, erzählte sie mir ihre Geschichte.

„Ich bin in den Weihnachtsferien zu Hause und besuche meine Eltern. Ich hatte nicht vor, zu diesem Treffen zu kommen. Aber als ich Ihr Bild in der Zeitung sah, erinnerte ich mich an Ihr Buch, das in einem Buchladen in dem College in Kalifornien, in dem ich arbeitete, ausgestellt war. Deswegen beschloß ich, herzukommen und Ihren Vortrag zu hören. Ich dachte, Sie würden über Ihr Buch sprechen."

Es fiel ihr schwer weiterzusprechen, und ich legte meinen Arm um sie. Schließlich fuhr sie fort: „Als Sie sagten, daß Gott zerbrochene Ehen wieder herstellen würde, wenn wir ihn im Gebet darum bitten, konnte ich nicht länger sitzen bleiben. Ich ging ins Foyer und habe mit meinem Chef telefoniert. Er ist College-Professor, und ich bin seine Sekretärin. Mit der Zeit wurden wir sehr vertraut, er zog zu mir und versprach mich zu heiraten.

Vermutlich war ich schrecklich egoistisch, weil ich mit

keinem Gedanken an seine Frau dachte, bis ich von dem, was Sie sagten, überführt wurde. Nun, ich sagte ihm, daß ich die Stelle bei ihm kündigen würde. Und ich sagte ihm auch, er solle zu seiner Frau nach Hause gehen und sie um Vergebung bitten und danach Gott bitten, ihm zu vergeben, denn das sei genau das, was ich tun wollte. Ich werde hier in Houston bei meinen Eltern bleiben bis ich innerlich zur Ruhe gekommen bin. Ich fühle mich jetzt wieder rein und sauber. Danke, daß Sie mich aufgeweckt haben! Danke, daß Sie mir etwas über das Gebet beigebracht haben!"

Vier Tage später erhielt ich folgenden Brief:

> Liebe Betty.
>
> Gott hat Dein Gebet auf geheimnisvolle Weise beantwortet. Debbie rief vor ein paar Tagen an und gab meinem Mann den Laufpaß, ließ ihn ganz einfach fallen und kündigte ihre Stelle. Gestern nacht kam mein Mann nach Hause, und wir sprachen zum ersten Mal über unsere Ehe. Bevor wir zu Bett gingen, knieten wir zusammen nieder und beteten. Gott vergab ihm und ich hatte ihm schon einige Tage zuvor vergeben.
>
> Als ich im Bett auf seinem Arm lag, streichelte er mein Gesicht und sagte: »Ich wäre beinahe schon am 9. Dezember zurückgekommen. Aber nachdem ich Debbies Ruf ruiniert hatte, hatte ich nicht den Mut, ihr zu sagen, daß ich meine Meinung geändert hatte. Ich fürchtete auch, daß du mich nicht mehr haben wolltest. Ich kann es nicht erklären. Es war, als ob ein unsichtbarer Polizist mich festgenommen hätte und sagte: »Geh heim!«
>
> Sie haben recht. Bei Gott ist kein Ding unmöglich.
>
> Ihre dankbare Ruth

5

GEBET FÜR KLEINE NÖTE

Viele Jahre lang richtete ich meine Gebete auf große und bedeutende Dinge, ganz einfach aus der Notwendigkeit heraus. Ich meinte, Gott müsse einen guten Sinn für Humor haben, weil er sich so viel unbedeutendes Gejammer anhören muß, mit dem die Menschen ihm ständig in den Ohren liegen. „Belästige Gott nicht mit Kleinigkeiten", pflegte ich meinen Freunden zu raten.

Mom Perkins, meine Großmutter, war die erste, die mir zu einer anderen Einstellung verhalf. „Betty, du hast nichts, weil du nicht bittest", sagte sie, wenn ich mich über unsere ständigen Schulden während meiner Ehe mit John beklagte. „Ich rede mit Gott über alles. Ich lebe allein und habe niemanden, mit dem ich reden kann. Wenn ich in Not bin, bitte ich den Herrn. Wenn ich etwas nicht finden kann, schaue ich auf und sage: »Herr, sage mir nun, wo ich das wieder hingelegt habe.«"

„Aber Gott gab uns doch unsere Intelligenz, um diese kleinen Probleme selbst zu lösen", protestierte ich.

Meine Großmutter schüttelte nur den Kopf. „Wir brauchen ihn für alle Dinge, kleine und große. Einmal konnte ich meine Muskatnuß nicht finden, die in meinen Auflauf hineingehörte. Ich bat Gott, sie für mich zu suchen. Genau sechs Minuten später stand Frau Green an meiner Tür. Sie sagte: »Frau Perkins, vor Wochen borgte ich mir eine Muskatnuß von Ihnen und vergaß, sie zurückzugeben. Gerade dachte ich wieder daran. Hier ist sie.«"

Das zentrale Glaubensbekenntnis ihres Lebens beruhte

auf den Versen des altbekannten Liedes ,,Welch ein Freund ist unser Jesus":

> Wer kann sagen und ermessen,
> wieviel Heil verloren geht,
> wenn wir nicht zu ihm uns wenden
> und ihn suchen im Gebet.

Eines Tages sah ich plötzlich auf die Uhr und stellte fest, daß ich nur noch 20 Minuten Zeit hatte, bis ich zum Friseur mußte. Er wohnte zwar nur ein paar Minuten von uns entfernt, aber ich hatte Carl versprochen, seinen geliebten Fruchtsalat anzusetzen und ihn im Kühlschrank durchziehen zu lassen. So würde er, wenn wir beide zum Essen kämen, fertig sein. Ich konnte ihn jetzt vorbereiten und meinen Termin einhalten, wenn ich mich beeilte.

Zu dem Salat gehörten Melonen, weiße Trauben ohne Kerne und frische oder eingemachte Pfirsichscheiben. Als ich ins Gemüsefach des Kühlschranks schaute, stellte ich fest, daß ich statt eines Pfirsichs nur noch einen Apfel hatte. Ich ärgerte mich, gerade auch, weil ich schon die Trauben und Melonenwürfel in der Schale hatte. Da erinnerte ich mich an Großmutter Perkins. Impulsiv sagte ich: ,,Herr, das ist ein Reinfall. Ich habe doch Carl den Salat versprochen. Sag mir bitte, was ich tun soll."

Dann machte ich mich schnell auf den Weg zum Friseur. Dort ließ ich mein Haar waschen und legen. Als ich an der Kasse zahlte, gab mir die Eigentümerin des Salons das Wechselgeld heraus. Dann langte sie unter die Theke und sagte: ,,Sie sind heute eine so liebenswürdige Kundin gewesen — ich habe eine Überraschung für Sie." Sie zog einen prallen, rosigen und saftigen Pfirsich hervor und gab ihn mir in die Hand. Ich war einfach überwältigt! Der Friseursalon war bestimmt der letzte Ort, an dem ich die Erhörung meines Gebets erwartet hätte.

Während ich den Pfirsich für den Fruchtsalat schnitt, kamen mir zwei Schriftstellen in den Sinn. ,,Euer Vater weiß, was ihr bedürft, ehe ihr ihn bittet" (Matth. 6, 8), und: ,,Ehe sie rufen, will ich antworten, während sie noch reden, will ich hören" (Jes. 65, 24). Oder anders gesagt: ,,Ihr habt nicht, weil ihr nicht bittet" (Jak. 4, 2).

Kinder haben weniger Schwierigkeiten, Gebetserhörungen zu erleben, weil sie weniger zögern zu bitten. Wir bereiteten uns einmal auf eine Urlaubsreise vor, die einen Monat dauern sollte. Während unserer Abwesenheit sollte unsere Stute fohlen, und die ganze Familie machte sich Sorgen darüber. Wenn es nun Schwierigkeiten bei der Geburt geben würde? Wir hatten 45 Hektar Weideland. Die Stute könnte das Fohlen in einem abgelegenen Winkel bekommen, wo niemand sie sehen würde, falls Hilfe notwendig wäre. Was würde passieren?

Dann begann meine Tochter April, sich andere Sorgen zu machen.

,,Wir werden gar nicht erfahren, wann das Fohlen kommt, und können es erst sehen und streicheln, wenn es einen Monat alt ist. Ich werde beten, daß es früher kommt, bevor wir abreisen."

Ich mahnte sie zur Vorsicht: ,,Bete nicht gegen die Natur. Gott lenkt die Natur. Das Fohlen soll nicht 12 Tage früher kommen, bloß um deinen selbstsüchtigen Wunsch zu befriedigen."

April dachte einen Augenblick nach und sagte dann: ,,Ich werde Gott bitten, daß es auf natürliche Weise kommt — bevor wir wegfahren."

Tatsächlich, die Stute gebar ihr Fohlen 12 Tage früher; es war voll entwickelt und sogar größer als das letzte, das auf unserem Hof geboren worden war.

Wir alle hatten zwei Tage lang unsere Freude daran, bis wir abreisen mußten. Unterschätze niemals die Macht eines kindlichen Gebetes!

Allerdings können Gebete für belanglose Dinge auch außer Kontrolle geraten und lächerlich werden. Eine Bekannte sagte zu mir: „Betty, bitte bete darum, daß Gott meine Zähne füllt, damit ich nicht zum Zahnarzt muß."

„Das kann ich nicht", erwiderte ich. „Dein Zahnarzt ist ein guter Freund von mir. Er fordert mich auf zu beten, daß sein Geschäft gedeiht und Gott ihm neue Patienten schickt, damit er für seine drei Töchter, die bald ins College kommen, besser sorgen kann."

Es gibt auch die Geschichte eines exzentrischen alten Mannes, der während einer Gemeindeversammlung aufstand, sich langsam und wohlüberlegt umdrehte, die ganze Gemeinde feierlich ansah, um Gott zu danken — dafür, daß er eine Maus getötet hatte! „Gott kann alles", sagte er. „Ich konnte nicht schlafen, weil diese Maus im Schrank soviel Krach machte. Ich betete, und sie hörte eine Weile auf zu knabbern, fing aber dann wieder von neuem an. Ich betete wiederum: »Gott bringe diese Maus um, damit ich schlafen kann.« Und Er tat es! Am nächsten Morgen lag die graue Maus im Schrank, tot." Er setzte sich.

Sofort sprang seine lebhafte, kleine Frau auf. „Na, du alter Esel, das war doch nicht Gott! Ich habe die Maus erschlagen, mit deinem Stiefelabsatz." Sie setzte sich.

Wieder erhob sich ihr Mann und erwiderte schlagfertig: „Leute, das zeigt euch wieder einmal, daß Gott einfach alles und jeden benutzen kann, um euer Gebet zu beantworten."

Um unseren kleinen, leiblichen Bedürfnissen zu begegnen, beantwortet Gott oft zwei Gebete mit einer Handlung. Als ich mit Carl in Nord-Dakota lebte, mußten wir jeden Pfennig umdrehen. Wir brauchten Feuerholz, das 7,50 Dollar je Fuhre kostete — und es war keine sehr große Fuhre. Wir konnten es uns nicht leisten. So betete ich: „Herr, hilf mir, Holz für unseren Kamin ausfindig zu machen, das wir uns leisten können. Vielleicht können wir es auch selbst zersägen."

Zwei Tage darauf war ich mit Carl im Haus, als jemand an die Tür klopfte. Ein muskulöser, etwa 35jähriger Mann stellte sich als Baumchirurg vor und informierte uns, daß die Reihe Bäume an der Einfahrt unseres Grundstückes beschnitten werden müßten. Wir baten ihn herein und hörten seinen Kostenvoranschlag. Er war nur ein wenig enttäuscht, als wir ihm sagten, daß wir uns seine Arbeit nicht leisten könnten.

„Sie sind doch Pastor, nicht wahr?“ fragte er Carl und trat unsicher von einem Fuß auf den anderen.

„Ja, ich bin Pastor und Lehrer“, erwiderte Carl.

„Meine Frau hat mich wegen eines anderen Mannes verlassen. Ich trinke ziemlich, um das zu vergessen. Ich brauche Hilfe. Könnten Sie... vielleicht mit mir beten?“

Wir knieten uns beide neben ihn vor unsere schwarze Ledercouch, die unser Gebetsaltar geworden war. Er schüttete seinen Kummer aus, bat Gott um Vergebung seiner Sünden — besonders für die Vergebung der Bitterkeit und seines Hasses. Als er weggehen wollte, war sein Gesicht freudig und voller Frieden.

Er schüttelte uns beiden die Hand. „Meine Männer werden sich wahrscheinlich fragen, wo ich bin. Sie beschneiden die Bäume im Stadtpark. Ich ärgere mich darüber, daß ich für jede Fuhre Holz, die ich auf die Müllkippe fahre, 50 Cent Gebühren bezahlen muß.“

Verdutzt ergriff ich seinen Arm. „Das Holz, das Sie schneiden, wird auf den Müll gebracht?“

„Genau. Brauchen Sie Feuerholz?“

In den nächsten zwei Tagen fuhr er 26 LKW-Ladungen Holz auf unseren Scheunenplatz. Dann schnitt er die Äste in Feuerholzstücke und stapelte sie auf, so daß sie bald haushoch lagen. Ich schaute zu Gott auf und betete: „Danke, Herr, für diesen unglaublichen Überfluß.“

Dann kam ein anderes geringes Bedürfnis: ein eigener Schreibtisch. Obwohl ich seit Jahren schriftstellerisch tätig war, hatte ich noch nie einen eigenen Schreibtisch besessen.

Zu Hause hatte ich den meines Vaters benutzt und seit der Heirat den meines Mannes.

Eines Tages sah ich ein Prachtstück in einem Katalog, das mir sofort gefiel. Ich betete: ,,Herr, hilf mir, auf irgendeinem Wege das Geld zu verdienen."

Ich schickte mehrere Artikel von mir an verschiedene Zeitschriften, doch sie wurden alle zurückgewiesen. Dann erhielt ich eine Einladung zu einem Vortrag vor einem Frauenclub. Mein Herz jubelte! Das würde die gewünschte Einnahmequelle sein, die die Bezahlung des Schreibtisches ermöglichen würde. 320 Frauen waren anwesend, die Versammlung war ein voller Erfolg, aber mein Honorar lag nur 9,16 Dollar über den Spesen. Was für eine Enttäuschung!

Als kurz darauf eine Einladung kam, in einer anderen Kirche zu sprechen, sagte ich ab mit der Begründung, ich möchte bei meiner Familie sein. Schließlich überdachte ich die Sache. Ich mußte zugeben, daß ich noch verärgert über das niedrige Honorar des Frauenclubs war. Mache ich die Vorträge, um Geld zu verdienen, oder um Menschen zu helfen? fragte ich mich. Nachdem ich darüber gebetet hatte, rief ich bei der Kirche zurück und nahm ihre Einladung an.

Mehrere Menschen kamen am Schluß der Versammlung nach vorn, um Jesus als ihren persönlichen Heiland anzunehmen. Ich war voller Freude. Vergiß das Geld — das ist Bezahlung genug! sagte ich mir. Beim Weggehen händigte mir der Pastor einen Umschlag aus. ,,Hier ist das Opfer, das wir auf dem Kollektenteller eingesammelt haben", sagte er.

Am nächsten Morgen holte ich den Katalog heraus. Dann schüttete ich das Opfer aus und begann zu zählen. Ich traute meinen Augen nicht. Der Gesamtbetrag der Kollekte lag um 13 Cents über dem Preis des Schreibtisches. War das nicht seltsam? Nein. Die 13 Cents extra waren für die Briefmarke, die ich für die schriftliche Bestellung benötigte.

Die Bibel sagt: ,,Mein Gott wird alle eure Bedürfnisse ausfüllen nach dem Reichtum seiner Herrlichkeit durch

Jesus Christus, unsern Herrn." Er hatte den Schreibtisch beschafft. Es war ein Bedürfnis — doch ist Gott auch an unseren Wünschen interessiert? Ich glaube ja.

Ich ging durch ein Kosmetikgeschäft, als der Duft meines geliebten Parfüms an meiner Nase vorbeizog. Vier Jahre lang hatte ich mir keinen dieser Artikel leisten können. Ich wollte aus dem Laden gehen, machte aber kehrt und kaufte die Handlotion und das Kölnisch Wasser für zusammen 15 Dollar.

Ein Schuldgefühl überfiel mich, als ich den Laden verließ. Ich brauchte diese Sachen nicht. Gott verspricht unsere Bedürfnisse zu erfüllen, nicht unsere Wünsche, sagte ich mir. Dann kam ein anderer Bibelvers in meinen Sinn: „Habe deine Lust am Herrn, der wird dir geben, was dein Herz wünscht" (Psalm 37, 4).

Nun war ich durcheinander. „Was stimmt nun, Herr? Ich möchte nur das tun, was dir gefällt."

Die Antwort auf das Gebet erhielt ich, als ich zu Hause ankam. Unser Nachbar empfing mich, als ich aus dem Auto ausstieg, und übergab mir einen weißen Umschlag. „Eine ältere Dame brachte dies an Ihre Tür. Als sie Sie nicht antraf, bat sie mich, Ihnen den Umschlag auszuhändigen."

Ich dankte dem Nachbarn, öffnete den Umschlag und fand darin eine Notiz. „Das ist für dich persönlich, Betty. Verbrauche es nicht für Lebensmittel oder andere notwendige Dinge." Eine 10 und eine 5 Dollar Note lag dabei.

Bei einer anderen Gelegenheit hatte ich Heimweh nach meiner Tochter Brenda, die mit ihrem Mann in Columbia, im Staat Missouri, lebte. Es war mehr als ein Jahr her, seit wir uns gesehen hatten. Doch Brenda und ihr Mann konnten sich einen Besuch bei uns nicht leisten — und wir uns keinen bei ihnen.

Ich kniete nieder und sprach mit dem Herrn. „Du weißt, wie gern ich meine Tochter wieder einmal sehen möchte. Es ist gut und richtig, wenn Eltern und ihre erwachsenen Kinder sich wenigstens einmal im Jahr sehen. Bitte hilf uns, einen Weg zu finden.“ Am nächsten Abend rief ein Pastor namens Lon Calloway an und lud mich ein, in seiner Gemeinde zu sprechen. Die Kollekte sollte zur Deckung meiner Unkosten dienen. Ich war nicht sehr begeistert, bis er mir sagte, wo seine Kirche stand — in Columbia, Missouri.

Der Besuch bei Brenda und Bud war allzu kurz. Ich sprach am Sonntagmorgen in Pastor Calloways Gemeinde, dann kehrte ich mit den beiden nach dem Gottesdienst ins Motel zurück, um meine Rechnung zu bezahlen und zum Flugplatz zu fahren. Aber der Mann an der Kasse händigte mir einen Brief aus. Ich machte ihn auf und las:

> Liebe Betty!
>
> Wir haben gerade gehört, daß deine Tochter hier in Columbia wohnt. Es wäre eine Schande, nach solch einem kurzen Besuch abzufahren. Bitte bleibe noch einen weiteren Tag auf unsere Kosten im Motel und laß deine Mahlzeiten in Rechnung stellen. Bitte weise das Vorrecht nicht zurück, daß wir etwas für dich und für deine Kinder tun dürfen. Betrachte es als ein Glas kalten Wassers, das Dir im Namen Jesu gereicht wird. Wir wünschen dir eine gute Zeit.
>
> In Liebe: Lon und Stella Calloway

Einige Zeit später erhielt die Sekretärin meines Mannes die Nachricht, daß ihr Vater, der in Panama City in Florida lebte, im Sterben lag. Carl brachte sie an das Flugzeug. Als er wieder zurückkam, klagte er: „Was soll ich nur tun? Ich brauche sofort eine Stenotypistin, um den Termin für ein Manuskript einzuhalten.“ Zusammen beteten wir ein einfaches Gebet: „O Gott, du weißt, wo es eine tüchtige Stenotypistin gibt. Hilf uns, sie zu finden.“ Danach verließ Carl das Haus, und ich machte mich an die Hausarbeit.

Etwa 20 Minuten später ging ich hinaus, um unseren Collies Wasser zu geben. Missy fehlte. Ich nahm den Wagen, fuhr durch die angrenzenden Straßen und rief nach ihr — ohne Erfolg. Plötzlich war es mir, als sollte ich heimgehen und warten, bis jemand anriefe, daß Missy gefunden sei. Das hatte im Grunde nicht allzuviel Sinn, weil Missy kein Halsband trug, daher auch kein Namensschild, keine Identitätsmarke oder Nummer. Trotzdem folgte ich der Eingebung.

Nach etwa zwei Stunden läutete das Telefon. Eine Frau, die neu in unserer Nachbarschaft zugezogen war und die wußte, daß wir Collies hielten, hatte Missy gefunden. Als ich bei ihr zu Hause ankam, öffnete mir eine charmante, äußerst liebenswürdige Frau, die, wie sich bald herausstellte, Sekretärin war! Diese junge Frau war nicht nur die Antwort auf zwei Gebetsanliegen, sondern es stellte sich heraus, daß sie die beste Aushilfskraft für Carl war.

Nenne es Zufall, aber es gibt über 4 Millionen Menschen im Gebiet von Pasadena-Houston. Missy hätte im Verkehr getötet werden, oder zu einem anderen der Millionen Häusern laufen können. Doch für Gott ist nichts zu groß und nichts zu gering. Bei einer anderen Gelegenheit beteten wir für ein kleines Problem. Aber dieses Gebet löste eine Kettenreaktion von Ereignissen aus, die in übernatürliche Weise das Leben vieler Menschen beeinflußte.

Es begann damit, daß ich zu einer Fernsehschau eingeladen wurde. Einer der Produzenten hatte einen Artikel gelesen, in dem ich über mein Todeserlebnis berichtet hatte. Er meinte nun, der Auftritt einer Frau, die 28 Minuten tot gewesen war, wäre ein interessanter Punkt seiner Show. Bei der Show ging es darum, daß drei Personen behaupteten, eine einzige zu sein. Das Publikum hatte nun die Aufgabe, die echte Person herauszufinden. Die Aufnahme mit meiner Tochter April und mir in der Zeitung brachte den Produzenten auf eine Idee. Am Schluß sollte April die echte Betty Malz küssen. Ich gab meine Zustimmung.

Während ich mich fertigmachte, um nach New York zu fliegen, stellte ich fest, daß meine beiden Gepäckstücke fast auseinanderfielen. Schon während meiner letzten Reise hatte ich den blauen Koffer mit mehreren Klebestreifen versehen und gebetet, daß er nicht auseinanderfallen möge. Jetzt bat ich: „Herr, ich habe nicht das Geld, um neue Koffer zu kaufen. Bitte, hilf mir irgendwie weiter!"

Auf dem Flugplatz sagte meine Tochter, während wir unserem geflickten Koffer auf dem Förderband nachsahen: „Warum betest du nicht um einen neuen Koffer, Mutter? Du betest doch sonst für alles."

Als ich ihr erklärte, daß ich das schon getan hätte, erwiderte sie: „Nun, dann werden wir die Antwort auf unser Gebet bei der Fernsehshow bekommen."

Die Show ging glatt über die Bühne. Ich wirkte so gesund und munter mit meinem gebräunten Texasteint, daß ich die Zuschauer verblüffte. Sie meinten, ich sähe zu gesund aus, um jemals dem Tode nahe gewesen zu sein, und sie entschieden, daß ich — Betty Malz — eine der anderen Frauen wäre! Mein Preis für den Auftritt war ein Set goldfarbener Reisekoffer.

Ein kleines Wunder, ja. Aber von einem bedeutsameren Ergebnis unseres Auftritts bei dieser Show erfuhren wir später.

Einen der Männer, den wir bei den Fernsehaufnahmen trafen, regte meine Geschichte an, für eine Freundin, die bei einem Autounfall schwer verletzt worden war und wochenlang im Koma lag, zu beten, so wie es bei mir der Fall gewesen war. Er und sein Pastor beteten über dieser bewußtlosen Frau im Vertrauen darauf, daß die Worte des Trostes, der Hoffnung und der Zuversicht ihre Bewußtlosigkeit durchdringen könne, um Heilung zu bringen. Nur wenige Stunden nach diesem Gebet erwachte die Frau aus dem Koma, und von diesem Augenblick an begann die Genesung. „Ich staune über die Kraft des Heiligen Geistes in einer solchen

Situation", schrieb er mir, als er über die Wiederherstellung seiner Freundin berichtete.

Ich entdecke jeden Tag, daß Gott die geringen Dinge des Lebens ebenso lenkt wie die großen und wichtigen Ereignisse. Er lehrt mich Einfachheit und Flexibilität. Während eines Besuches in Indiana war ich bei guten, alten Freunden zum Essen eingeladen. Elf Personen saßen am Tisch, ich war die zwölfte und erwartete, daß jemand ein Gebet sprechen würde. Niemand tat es; sie aßen und ich auch.

Nachdem alle fertig waren, faßten sie sich rund um den Tisch an den Händen, schlossen die Augen, und der Hausvater betete: „Herr, wir danken dir für die schmackhafte Mahlzeit, die wir gegessen haben und an der wir uns stärkten. Danke, daß du dafür gesorgt hast. Segne meine gute Frau Elsie, die es zubereitet hat. Segne meine Söhne, die das Gemüse angebaut haben und segne meine Mädchen, wenn sie das Geschirr abwaschen."

Es war einfach. Es war anders. Aber es war schön.

6

DIE MACHT DES NAMENS JESUS

Meine Mutter pflegte mit uns Kindern ein Spiel zu machen, wenn wir sie um etwas baten. Sie fragte uns: „Wie heißt das Zauberwort?“

„Bitte“, war unsere Antwort.

„Wie heißt das Kennwort?“ fragte sie weiter.

„Bitte, bitte, mit Zucker obendrauf!“

Mutter lachte dann immer und gab uns, worum wir gebeten hatten.

Als meine Erkenntnis über das Gebet wuchs, entdeckte ich, daß es ein noch kraftvolleres Wort gibt als „bitte“.

Erstmalig erfuhr ich das an dem entscheidendsten Punkt meines Lebens, als ich kurz davor stand, den dünnen Vorhang zwischen diesem Leben und dem nächsten zu durchschreiten. Damals betete mein Vater das kürzeste und kraftvollste Gebet, das es gibt. Er stand an meinem Bett im Krankenhaus, die Schwester hatte bereits ein Laken über meinen leblosen Körper gebreitet. Er hauchte nur ein Wort, aber in diesem Wort lag alle Hingabe und Inbrunst, deren er fähig war.

„Jesus!“

Ich hörte es, obwohl ich weit weg war. Vater bat um nichts, und doch hatte dieses Gebet gewaltige Vollmacht. Ich erinnere mich, daß es mein Wunsch war, an dem herrlichen Ort zu bleiben, den ich während der Zeit meines leiblichen Todes sehen durfte.

Doch die Kraft des Namens Jesu zog mich zurück in das Krankenhausbett. Sekunden später schob meine Hand das

Laken vom Kopf weg, und ich spürte, wie neues Leben meinen Körper durchströmte.

Warum liegt in diesem Namen eine so große Kraft?

Ich verstehe nicht viel von geistlicher Kriegsführung und dem Kampf zwischen Gottes Engeln und den Dämonen Satans um unsere Seelen, aber eines weiß ich: den besten Schutz finden wir in der Bibel, dem Wort Gottes. Als Jesus mit seinen Jüngern zusammen war, betete er: „Heiliger Vater, erhalte sie in deinem Namen, den du mir gegeben hast, daß sie eins seien gleichwie wir" (Johannes 17, 11). Jesus verhieß weiterhin: „Was ihr bitten werdet in meinem Namen, das will ich tun" (Johannes 14, 14).

Eine ältere Dame, die wir liebevoll Oma Rice nannten, entdeckte diese Kraft vor vielen Jahren, als sie noch ein junges Mädchen war. Sie erzählte folgende Geschichte:

„Ich habe noch nie so inbrünstig gebetet wie damals, als ich in einen Brunnen fiel. Ich war querfeldein über eine Wiese gegangen, um Brombeeren zu pflücken. Plötzlich trat ich auf den verfaulten Holzdeckel eines alten Brunnens. Die Ränder gaben nach, und ich stürzte in den finsteren Schacht hinab. Als ich auf das Wasser aufschlug, geriet ich in Panik. Ich konnte weder schwimmen noch Wasser treten. Ich betete nur ein Wort: Jesus!"

Auf dem Feld nebenan pflügte zur gleichen Zeit ein Mann mit seinem Traktor. Er berichtete: „Ich hatte etwa eine halbe Stunde gepflügt, als ich plötzlich die Worte hörte: ‚Stelle den Motor ab!'

Da aber niemand in der Nähe war, meinte ich, meine Fantasie würde mir einen Streich spielen. Doch sie kam wieder — diese drängende, innere Stimme: ‚Stell jetzt sofort den Motor ab!'

Ich tat es und hörte im gleichen Moment ein Aufklatschen und einen gedämpften Schrei. Ich rannte auf das Geräusch zu, sah den Brunnen, ergriff ein altes Seil, das neben der zerbrochenen Brunneneinfassung lag. Wahrscheinlich hatte es vor Jahren dazu gedient, die Wassereimer hochzuziehen. Ich warf das Seil in den Brunnen hinab, hörte ein Mädchen husten und würgen, doch es ergriff das Seil, und ich konnte es heraufziehen.“

Hier erwies sich die Kraft des Namens Jesus. Die Hilfe kam in Form einer Stimme, die zu dem Mann sprach. Übernatürliche Kräfte, die wir nicht erklären können, treten in Aktion, wenn der Name des „geliebten Sohnes“ angerufen wird.

Als wir noch in Florida wohnten, hatten wir einen großen weißen Wallach, der meiner Tochter Brenda gehörte und auf den Namen „Geronimo“ hörte. Sie konnte alles mögliche mit ihm anstellen, seinen Schwanz flechten und sich daran festhalten, während er sie auf der Weide umherzog. Oder sie legte sich auf seinen Rücken und stellte sich tot, während der brave Wallach auf dem Heimweg von einer Freundin vorsichtig die Straße entlangtrabte, bis beide sicher zu Hause ankamen.

Als die kleine April gerade laufen lernte, geschah es mehr als einmal, daß sie unter dem Bauch des mächtigen Pferdes stehenblieb. Das sanfte Tier rührte sich nicht, bis wir das Kind wieder unter ihm hervorgezogen hatten. Einmal sah ich ein Nachbarskind unter Geronimo sitzen, das Schatten vor der heißen Sonne gesucht hatte. Der Wallach war in der Tat ein völlig zahmes Pferd, besonders wenn es sich um Kinder handelte.

Eines Tages geschah etwas Unerklärliches mit Geronimo. Er fing an, das oberste Brett des Zaunes anzuknabbern. Danach machte er sich daran, Wäsche von der Wäscheleine zu verspeisen, vorzugsweise Windeln.

Eines Tages ging ich mit April an der Hand zur Weide, um den alten, etwas merkwürdig gewordenen Geronimo zu begrüßen. Er reckte seinen Hals, faßte mit seinen Zähnen zu, hob April an ihrem gelbkarierten Kleidchen hoch — und rannte davon wie ein Verrückter! Er galoppierte im Kreis herum und zwischen den Kiefern auf der Weide hindurch. Dabei schwenkte er die ganze Zeit über das Kind hin und her. Ich brüllte auf ihn ein, schrie um Hilfe, um die Nachbarn zu alarmieren, dann sprang ich über den Zaun, um hinter dem wahnsinnig gewordenen Pferd herzujagen. Noch bevor ich es erreichen konnte, seufzte ich leise: „Jesus." Wie auf Kommando blieb Geronimo stehen, ließ April langsam nieder und stand da, als wäre nichts geschehen. Der Wallach hatte das gelbkarierte Kleidchen beinah völlig aufgefressen — bis auf das Halsband... Ich beugte mich zu meinem Kind hinab, um zu sehen, ob es diesen Wahnsinnsritt überhaupt lebendig überstanden hatte. Doch ich fand nur grüne Grasflecken an ihr, vermischt mit dem Speichel des Pferdes — keine einzige Verletzung! Nach diesem schrecklichen Erlebnis blieb uns nichts anderes übrig, als den Tierarzt anzurufen, um den armen alten Geronimo, der scheinbar den Verstand verloren hatte, einzuschläfern. Aber nach einer genauen Untersuchung gab uns der Tierarzt folgenden Befund: das alte Pferd litt unter einem Mineralmangel und ergänzte deshalb seinen Speiseplan mit den seltsamen Dingen, die er seit kurzem verspeiste. Er brauchte ein bestimmtes Mineral, und offenbar zogen ihn Farbstoffe besonders an. Als sein Futterproblem gelöst war, war Geronimo wieder der alte, lammfromme Wallach, und wir behielten ihn noch jahrelang.

Seit jenem Erlebnis ist das Anrufen des mächtigen Namens Jesu der Eckstein meines Gebetslebens geworden. Doch dabei ging es nicht ohne Widerstände ab. Leider gibt es Leute, die an dem Namen „Jesus" Anstoß nehmen. „Warum nicht Gott anrufen?" fragen sie. „Schließlich ist doch Gott das höchste Wesen."

Ich sage diesen Leuten, daß Gebete zu Gott natürlich wirksam sind und auch erhört werden. Wenn es ihnen lieber ist, sei es auch gut, zu Gott zu beten. Doch sollten sie sorgfältig die Gründe für ihren Widerstand gegen den Namen Jesus oder den Gebrauch dieses Namens prüfen. Gott selbst ist es, der seinem Sohn Autorität verliehen und ihm alle Macht im Himmel und auf Erden gegeben hat. Schon die Erwähnung des Namens Jesus ruft himmlische Mächte auf den Plan, etwa so wie früher das Signalhorn auf dem Schlachtfeld die Soldaten zu höchster Anstrengung aufrief.

Das Ein-Wort-Gebet ist mehr als ein Stoßgebet. Mein Nachbar erlebte eine innere Reinigung durch den Namen Jesus. Jay und seine Frau Helen waren zwei liebenswerte Menschen, allerdings jeder für sich. Man konnte sich mit jedem von ihnen großartig unterhalten, doch sobald sie zusammen waren, fingen sie an zu streiten. Jay besaß einen LKW und fuhr Transporte für eine große Spedition. Er verdiente viel Geld, und es machte ihm Freude, unterwegs — weit weg von Helen — zu sein. Währenddessen aber war sie schrecklich eifersüchtig auf ihn.

Als die beiden in unsere Nachbarschaft zogen, betete ich: „Herr, hilf mir, diesen beiden zu helfen." Ich hatte bald entdeckt, daß Jay ein weiches Herz besaß, aber bei Gesprächen kaum ohne den Gebrauch von Flüchen auskam. Bald hielt ich meine Töchter von ihm fern.

Eines Tages, als meine Mutter bei uns zu Besuch war, kam er auf unseren Hof. Bei der Unterhaltung mit Mutter rutschte ihm wieder solch ein Fluch heraus. Mutter sagte in ihrer ruhigen Art: „Jay, ich wollte nicht in meiner Hand halten, was Sie gerade in Ihrem Mund hatten!"

„Was soll ich denn tun, Frau Perkins? Es rutscht mir heraus, bevor ich es merke", verteidigte er sich.

„Ich habe zwei Vorschläge, Jay. Erstens: Gehen Sie mit uns zur Kirche, dort werden Sie eine andere Sprache kennenlernen. Zweitens: Jedesmal, wenn Sie jenes Wort sagen wollen, flüstern Sie den Namen »Jesus«. Wenn dann das Wort noch herauskommen muß, dann lassen Sie es heraus."

„Ich werde beides versuchen", versprach er.

Jay und Helen kamen tatsächlich mit uns zur Kirche. Eines Sonntags kniete Jay am Altar und übergab sein Leben dem Herrn. Danach erzählte er Mutter: „Es klappt. Jesus hütet jetzt meine Zunge. Er ist auch das Zentrum meines Lebens. Wenn nur Helen ihn auch finden würde!" Aber seine Frau war nicht daran interessiert, die gleiche Entscheidung zu treffen, und sie sagte es ihm sehr deutlich. Von einer seiner Reisen brachte mir Jay aus Georgia einen Beutel mit weichen Hickorynüssen mit. Ich backte einen Nußkuchen daraus und lud beide zum Kaffee ein. Später sattelten Helen und ich die Pferde, und wir ritten aus. Ganz hinten auf der Weide blieben wir in der Dämmerung stehen, ließen die Pferde grasen und redeten miteinander.

Helen war leicht reizbar, brauste schnell auf, und ihr Mann zahlte instinktiv mit gleicher Münze heim. Ein paar Wochen zuvor hatte sie während eines Streits nach der Sturmlaterne gegriffen und sie auf seinem rechten Knie zertrümmert. Jay wäre fast verblutet, bevor er zur Notaufnahme ins Krankenhaus kam.

Während Helen im Sattel saß, erzählte sie ihre ganze Geschichte. Jay hatte sie geheiratet, weil sie sein Kind erwartete. In der Folge hatte sie immer gespürt, daß er sie nicht genug liebte und sie ohne das Kind nicht geheiratet hätte. Aufbrausen, Kritiksucht und Groll hatten eine Mauer von Feindschaft zwischen ihnen aufgebaut. Helen hatte das Interesse an sich selbst, an Jay und ihrem Kind verloren. Plötzlich löste sich die harte Schale, und sie begann zu weinen. „Ich habe meine Sünden unserem Pastor vor Jahren bekannt, aber er sagte mir nicht, was ich tun sollte", schluchzte sie. „Ich komme mir furchtbar gemein und schmutzig vor."

Ich schlug ihr vor, an Ort und Stelle, im Sattel, zu Gott zu beten, für sich selbst und ihre Not.

„Ach Betty, ich weiß noch nicht einmal, wie ich beten soll", erwiderte sie traurig.

„Dann laß mich für dich beten", bat ich. „Wenn ich etwas sage, womit du nicht einverstanden bist, heb einfach die Hand."

Sie sah erleichtert aus und willigte ein.

,,Jesus, in deinem Namen ist die Kraft, die Beziehung zwischen Jay und Helen zu heilen", betete ich. ,,Vergib Helen die Sünde der Unzucht vor ihrer Ehe mit Jay. Hilf ihr, sich selber zu vergeben. Zieh in ihr Herz ein, Herr, damit sie weiß, wie lieb du sie hast."

Als Helen mir für das Gebet dankte, tat ich einen zweiten Schritt und bat sie, mir einen Vers aus der Schrift nachzusprechen: ,,Laß dir wohlgefallen die Rede meines Mundes und das Gespräch meines Herzens vor dir, Herr, mein Fels und mein Erlöser" (Psalm 19, 15).

Als wir zum Haus zurückkamen, zeigte ich ihr den Vers in der Bibel, die ich ihr schenkte. Sie fing an, mit uns zur Kirche zu gehen, auch wenn Jay unterwegs war. Eines Mittwochs, während eines Zeugnisgottesdienstes, stand sie auf, wurde blaß vor Befangenheit, brachte es aber doch fertig zu stammeln: ,,Der Name Jesus ist nun seit Wochen mein Lehrer gewesen. Ich habe Jay immer verflucht und mir böse Dinge ausgedacht, die ich ihm sagen wollte. Nun habe ich angefangen, immer bevor ich meinem Mann antworte, zuerst leise den Namen ,,Jesus" zu sagen. Meine Redeweise hat sich daraufhin verändert. Dann las ich in der Bibel, die mir eine Freundin gab: ,,Selig sind die Friedensstifter", und ich entschloß mich, einer zu werden. Seitdem haben Jay und ich keinen Streit mehr."

Der Name Jesus wird seit fast 2000 Jahren geschmäht, verachtet und gelästert. Zwar ist Jesus voller Liebe und Geduld, doch ich habe entdeckt, daß es Zeiten gibt, in denen Er seine Macht benutzt, den Feind offen in die Flucht zu schlagen. Solch ein Ereignis passierte in der Gemeinde meines Vaters vor einigen Jahren. Der Vater eines 17jährigen Mädchens, ein Alkoholiker, wurde ärgerlich darüber, daß seine Frau und Tochter die Gottesdienste besuchten. Er prahlte in der Stadt damit, daß er mit seinen Saufkumpanen den Prediger erschlagen und die Kirche niederbrennen würde. Meine

Brüder und ich wunderten uns, daß Vater keine Angst bekam. Als wir ihn deswegen fragten, sagte er: ,,Gott kann Engel senden, die es mit jeder Gruppe von Maulhelden aufnehmen können."

Ich wünschte fast, die Maulhelden würden angreifen, damit ich einen echten starken Engel in Aktion sehen könnte. Statt dessen stürmte der Vater des Mädchens eines Sonntagabends kurz vor Schluß des Gottesdienstes allein in die Kirche. Tochter und Mutter knieten gerade am Altar, um sich am Ende der Predigt meines Vaters erneut dem Herrn hinzugeben. In seinem Rausch raste der Mann durch die Tür, wobei er lästerliche Worte ausstieß. Als ein Ordner auf ihn zuging, stieß ihn der wild um sich schlagende Mann beiseite. Dann entdeckte er seine Tochter und seine Frau am Altar und stürzte mit erhobenen Fäusten auf sie zu.

Ich saß in einer Bank in der vierten Reihe neben meiner Mutter und sah voll Schrecken, wie der Tobende Diakone und Älteste zur Seite warf. Plötzlich hörte ich meine Mutter mit Nachdruck nur ein Wort hauchen: ,,Jesus." Der Betrunkene schwankte den Gang entlang und erreichte Frau und Tochter, die immer noch knieten. Als er seine Tochter am Handgelenk ergriff, um sie hochzureißen, hörten wir einen Schrei. Zuerst dachte ich, es sei das Mädchen. Statt dessen war es ihr Vater. Er fiel auf den Boden, stöhnte und starrte auf seine beiden schlimm verbrannten Hände. Dann schlich er völlig ernüchtert aus der Kirche. Später hörte ich, daß es zwei Wochen dauerte, bis die Verbrennungen zweiten Grades an seinen Händen geheilt waren.

Auf dem Nachhauseweg erzählte Vater, er habe ähnliches schon früher einmal erlebt. Ein wütender Mann stürmte in die Kirche in der Absicht, seine Frau gewaltsam hinauszuschleifen. Als er seine Frau ergriff, wurden des Mannes Arme schrecklich verbrannt, bis hinauf zu den Ellbogen.

Der Heilige Geist kann genausogut verbrennen wie heilen.

Im Sommer 1977 wurde mein Mann Carl nach Bangalore in Indien eingeladen, zum 25jährigen Jubiläum des Southern Asia Bible College, an dem er Präsident gewesen war. Er war einen Monat lang weg und besuchte auf der Reise auch Ägypten und die UdSSR.

Jemand der wußte, daß mein Mann unterwegs war, begann mich regelmäßig nachts telefonisch zu belästigen. Manchmal rief er einmal, aber auch bis zu viermal in einer Nacht an. In einer großen Stadt wie Houston ist es schwierig, solchen Anrufern auf die Spur zu kommen.

Eines Abends nahm ich den Hörer von der Gabel, um die Nacht durchschlafen zu können, befürchtete aber, Carl könnte versuchen mich anzurufen. Deswegen legte ich den Hörer wieder auf. Kurz nach zwei Uhr früh klingelte das Telefon und riß mich aus einem tiefen Schlaf. Ich nahm ab, aber es meldete sich niemand. Ich hörte nur ein schweres Atmen. „Wer ist da?" fragte ich ärgerlich.

Eine heisere Stimme kam aus dem Hörer: „Kann ich hinüberkommen? Ist Ihre Tochter auch zu Hause?"

Ich wollte schon aufhängen, dann fiel mir etwas ein. Sanft, aber mit aller Kraft, die ich aufbieten konnte, sagte ich nur ein Wort: „Jesus."

Klick. Der Mann legte sofort auf und rief nie wieder an.

Eines Nachts war ich allein zu Hause und wartete auf meinen Mann. Die Kinder lagen schon im Bett. Ich hörte Schritte vor dem Haus und war zuerst der Meinung, mein Mann beobachte mich durch das Fliegengitter des offenen Schlafzimmerfensters. Als ich aufsah, blieb mir vor Schreck fast das Herz stehen. Das Gesicht eines fremden Mannes grinste mich an, während er am Rahmen des Fliegengitters herumhantierte.

Würde die Zeit reichen, über das Telefon Hilfe herbeizurufen? Nein. Der schwache Draht des Gitters konnte den Einbrecher nicht zurückhalten, bis ich die Nummer gewählt hatte. Ich wählte eine viel bessere Taktik. Ich sah den Eindringling direkt an und befahl ihm laut: „Im Namen Jesu, verschwinde!"

Der Eindringling war entsetzt und fiel rückwärts in einen Holzstapel. Dann rappelte er sich auf und rannte davon. Ich war voller Ehrfurcht. Der Mann schien von einer unsichtbaren Macht zurückgerissen worden zu sein. Er flüchtete, als habe er einen Geist gesehen.

Kälteschauer liefen mir den Rücken hinunter, und ich dankte Jesus für die Kraft, die in seinem Namen liegt, für die Hilfe, die er mir schenkte, durch — ja, wodurch? Durch einen Engel? Irgendwie leuchtete mir das ein. Die Bibel verheißt Hilfe durch Engel. Warum zweifeln wir so oft daran?

Ich glaube, wir wären überwältigt, wenn unsere geistlichen Augen geöffnet würden und wir sehen könnten, wie oft Schutzengel uns umgeben, um uns zu bewahren — auch dann, wenn wir nicht einmal wissen, daß wir in Gefahr sind.

Ich forschte in der Schrift nach und fand eine fundierte Bestätigung dieser Auffassung. Gottes Wort sagt, daß Jesus Legionen von Engeln hätte rufen können, um ihn vor dem Kreuzestod zu bewahren, wenn er es gewollt hätte. Wie mächtig und wie stark ist ein Engel? „Da fuhr aus der Engel des Herrn und schlug im assyrischen Lager 185 000 Mann" (Jes. 37, 36).

In Psalm 103, 20 bezeichnet David Gottes Engel als „starke Helden", und in Psalm 34, 8 heißt es: „Der Engel des Herrn lagert sich um die her, die ihn fürchten, und hilft ihnen heraus."

Einen eindrucksvollen Beweis „unsichtbarer Hilfe" erhielten Jack und Jenny Pate. Jack, ein muskulöser Fernlastfahrer, und seine zierliche Frau erbten von Jennys Mutter ein altes Haus in der Nähe von Galveston in Texas. Sie beschlossen, sich Zeit zu nehmen, um es zu renovieren, ehe sie einzogen.

An einem heißen Sommertag kamen Jack und Jenny in dem alten Haus an und begannen in einem Zimmer im zweiten Stock zu tapezieren. Sie hatten ihr dreijähriges Töchterchen Peggy bei sich. Das Fenster stand offen. Peggy spielte mit den Tapetenresten, warf winzige Papierstückchen aus dem Fenster und beobachtete, wie sie vom Luftzug erfaßt wurden und wie Schmetterlinge zu Boden flatterten.

Das Spiel faszinierte das Kind so sehr, daß es sich immer weiter über das Fensterbrett hinauslehnte.

Jack schaute zufällig gerade in dem Augenblick auf, als die kleine Peggy aus dem Fenster purzelte.

„Oh Jesus!" stöhnte er.

Unterhalb des Fensters lag der Hauseingang mit drei Betonstufen, die scharfe Kanten hatten. Der Gedanke daran, daß ihr Kind vom zweiten Stock auf diese Stufen aufgeschlagen war, ließ beiden vor Schreck das Blut in den Adern gerinnen.

Dann stürzten sie zusammen die Treppe hinunter, zu dem vermeintlich zerschmetterten Körperchen. Schluchzend rannten sie zur Haustür hinaus. Da saß Peggy auf einer der Betonstufen, ihre Händchen im Schoß gefaltet.

Aufschauend flüsterte sie leise: „Ihr braucht keine Angst zu haben. Der große Mann hat mich aufgefangen."

Überglücklich umarmten sie ihr Kind, dann schaute Jack voller Freude und Erleichterung umher, um dem Mann zu danken, der ihre Tochter gerettet hatte. Es waren keine Häuser in der Nachbarschaft, er konnte also noch nicht weit gekommen sein. Doch kein Mensch war zu sehen!

Schließlich trug Jack das Kind ins Haus. Gemeinsam zogen sie dem Kind die Kleider aus, um es zu untersuchen. Doch sie fanden nicht einmal einen blauen Flecken an dem kleinen Körper, der bewiesen hätte, worauf Peggy gefallen war.

Die ganze Familie sprach eine Zeitlang über nichts anderes, wunderte sich und spekulierte. Nichtchristen waren überzeugt, der Mann, der Peggy aufgefangen hatte, sei aus irgendeinem Grunde verschwunden. Die anderen glaubten, die Antwort läge in Jesaja 63, 9: „Er erlöste sie, weil er sie liebte und Erbarmen mit ihnen hatte. Er nahm sie auf und trug sie …"

Bei all diesen Erfahrungen war der gemeinsame Nenner die Gegenwart Jesu. In der Welt von heute, in der die Mächte des Bösen losgelassen sind und ihr Haupt erheben, brauchen wir die Kraft des Namens Jesu und seine Gegenwart mehr als je zuvor.

Das Gebet im Namen Jesu ist das „königliche Kennwort", durch das wir den Schlüssel umdrehen können, der die Tore zum Allerheiligsten öffnet. Dort sitzt Jesus, unser Hoherpriester, zur rechten Hand Gottes und bittet für uns. Er sorgt für das Visum oder die einzige Eintrittskarte, die uns den Zutritt zu seinem Thron verschafft, wo Entscheidungen getroffen werden und Wunder ihren Ursprung haben.

Gerade wenn der geistliche Kampf auf dem Höhepunkt ist, dürfen wir getrost sein und wissen, was Paulus gesagt hat: „Darum hat ihn auch Gott erhöht und hat ihm den Namen gegeben, der über alle Namen ist, daß in dem Namen Jesu sich beugen sollen aller derer Knie, die im Himmel und auf Erden und unter der Erde sind, und alle Zungen bekennen sollen, daß Jesus Christus der Herr sei, zur Ehre Gottes, des Vaters" (Phil. 2, 9—11).

7

GEFÄHRLICHES GEBET

Als ich 13 Jahre alt war, kam eines Tages eine Frau namens Midge aufgelöst zu uns, gerade als Mutter und ich zur Post gehen wollten. Sie berichtete Mutter unter Tränen von einer Auseinandersetzung, die sie gerade mit ihrem neuen Ehemann gehabt hatte. Als Mutter bemerkte, daß meine kleinen Brüder mit lebhaftem Interesse zuhörten, schlug sie Midge vor, uns zur Post zu begleiten.

Unterwegs sagte die junge Frau verzweifelt: ,,Ich glaube, ich werde mich umbringen, dann wird er mich vermissen und merken, daß er mich wirklich liebt.“ Indem sie nach oben schaute, rief sie dramatisch aus: ,,Herr, ich möchte einfach sterben!“

Sekunden später raste ein Auo um die Kurve, der Fahrer verlor augenscheinlich die Gewalt über das Fahrzeug, raste gegen einen Telefonmast, der knapp über der Erde abbrach. Der Mast fiel nur ein paar Schritte von uns entfernt nieder.

Midge schrie: ,,O Gott, ich habe es nicht so gemeint!“

Dieser Vorfall hinterließ eine eindrückliche Warnung in meiner jungen Seele: Sei vorsichtig mit dem, was du von Gott erbittest.

Als mein Vater uns kürzlich besuchte, befaßte ich mich gerade intensiv mit dem Thema ,,Gefährliche Gebete“. ,,Daddy, du bist dem Herrn jetzt 48 Jahre lang treu und bewußt nachgefolgt. Hast du Gott jemals um etwas gebeten oder ihn vielleicht bedrängt, etwas zu tun, was sich nachher als falsch für dich herausstellte?“

Mein Vater lachte leise. ,,Die Bibel fordert uns auf, wir

sollen bitten, suchen und anklopfen. Doch wenn wir immer und immer wieder anklopfen, und es ist die falsche Tür, besteht die Möglichkeit, daß der Teufel — nicht Gott — sie öffnet."

Dann erzählte er mir, wie er vor Jahren eine schöne Kirche in einer Stadt gesehen hatte und daneben das dazu passende Pfarrhaus. Er hatte beide Gebäude sehnsüchtig angeschaut. Die Gemeinde suchte gerade einen Pastor, da der letzte zurückgetreten war. Der Ort lag in einer bezaubernden Gegend in der Nähe eines Sees. Vater sandte seine Bewerbung mit Lebenslauf ein und betete, daß Gott ihn an diese schöne Kirche berufen möge.

Nicht etwa, weil er in seiner eigenen Gemeinde unbefriedigt gewesen wäre. Er fühlte sich an seinem Platz wohl und war zufrieden, die Gemeinde wuchs im Glauben und an Mitgliedern, und seine Familie war ebenfalls zufrieden. Doch das Gras auf der anderen Seite des Zaunes schien 85 Meilen nördlich wirklich grüner zu sein.

Vater war beharrlich in seinen Gebeten und der Aufrechterhaltung der Kontakte mit dem Kirchenvorstand. Schließlich wurde er an jene Kirche berufen, und wir zogen um. „Betty, es waren die jammervollsten zwei Jahre meines Lebens", sagte er. „Mein Wunsch hatte mein gesundes Urteilsvermögen verdrängt. Ich hatte mir keine Mühe gegeben herauszufinden, warum der letzte Prediger gegangen war. Die Gemeinde war nämlich teilnahmslos und kritisch. Deine Mutter wurde beinahe krank, weil Liebe und Wärme fehlten. Trotz aller meiner Anstrengungen ging der Besuch der Gottesdienste sogar zurück. Es war frustrierend."

Ein anderes Beispiel für egoistisches, falsches Gebet ist die Geschichte von Heather Adams. Heather war sehr beliebt. Die ganze Gemeinde war bekümmert, als ihr Gatte Jack in Vietnam fiel und sie allein zurückließ, mit einem kleinen Jungen und einem kleinen Mädchen. Wir versuchten durch unsere Liebe und Fürbitte zu helfen, so gut wir konnten, während sie ein Jahr lang darum rang, mit ihrem Kummer fertig zu werden. Es ist nicht einfach, Kinder zu trösten, wenn man selbst Trost braucht und als Witwe alle geschäftlichen Angelegenheiten allein regeln muß.

Monate später traf Heather Ronald und verliebte sich in ihn. Oberflächlich betrachtet, schienen sie ein gutes Paar zu sein — sie waren beide attraktive Menschen. Heather war lebhaft, humorvoll und tapfer. Ron höflich, gewinnend, Heathers Kindern gegenüber aufmerksam und untadelig in Kleidung und Manieren.

Furcht vor dem Leben als Witwe brachte Heather dazu, übereilt wieder zu heiraten. Sie achtete nicht auf manche Warnsignale, die schon während ihrer Bekanntschaft mit Ron zu erkennen waren. Später erzählte sie mir, Ron sei mehr an geistiger Freundschaft als an körperlicher Zuneigung interessiert. Einmal gestand er, von einer Frau verletzt worden zu sein. Danach hatte er beschlossen, sich nicht wieder zu verlieben. Er bezweifelte, so sagte er, je wieder eine Frau lieben zu können.

Heather faßte das als eine Herausforderung auf. „Ich war überzeugt, das zu besitzen, was sein wundes Herz heilen würde“, erzählte sie mir. „Ich nahm den Vers: »Wenn ihr etwas bittet in meinem Namen, das will ich tun« für mich in Anspruch.”

Wenn ich gewußt hätte, wie eifrig Heather jenen Vers anwandte, hätte ich sie gewarnt. Aber die Einzelheiten erzählte sie mir erst später. Wochenlang hatte sie den Vers täglich gelesen: „Ich unterstrich ihn, lebte mit ihm, zitierte ihn laut, wenn niemand um mich war. Dann betete ich: »Herr, ich will Ron heiraten. Er scheint desinteressiert zu sein, aber du kannst jedes Gebet erhören!«“

Ron begann Heather regelmäßig anzurufen, später lud er sie zum Essen ein. „Ich liebte alles an ihm“, berichtete sie. „Alles außer seiner seltsamen depressiven Haltung. Aber ich war überzeugt, das in Ordnung bringen zu können. Meine

Liebe würde ihn die Freude am Leben und das Lachen wieder lehren, so wie Jack und ich es gekannt hatten."

Einmal hatte sie drei Tage lang gebetet und gefastet, Gott angebettelt und angefleht: „Dein Wort sagt es. Gib mir Ron!" Sie fragte Gott nicht nach seinem Plan. „Ich hatte nur diesen einen Vers im Visier. Ich biß meine Zähne darin fest, ich grub mich ein und weigerte mich aufzugeben. Wenn Gott versuchte, zu mir zu sprechen, hörte ich nicht auf ihn. Meine Ohren waren taub, weil meine Augen mir sagten, Ron sei der eine, den ich begehrte und ersehnte." Schließlich machte ihr Ron einen Heiratsantrag.

Heather ignorierte jedes Warnungszeichen, das ihr ins Blickfeld kam. An dem Tag, als der übliche Bluttest durchgeführt werden sollte, kam ein plötzlicher Sturm auf und die Fahrt mußte verschoben werden. Das zweite Mal hätten sie beinahe einen schweren Unfall erlitten, als sie auf dem Weg zum Gesundheitsamt waren. Ein älterer Freund versuchte Heather zu sagen, daß Ron zu still und zurückgezogen sei, daß sie warten solle, bis sie ihn besser kennen würde.

Während der Hochzeitsfeierlichkeiten schien alles in bester Ordnung zu sein. Heather sah strahlend aus. Ron war höflich und zuvorkommend. Dann fuhren sie los zur Hochzeitsreise.

Wochen danach schaute ich bei Heather vorbei. Ich war etwas überrascht gewesen, wie bereitwillig Ron in das Haus gezogen war, das Heather und Jack so viele glückliche Jahre bis zu seinem Tod bewohnt hatten. Heather begrüßte mich herzlich an der Tür, doch innerhalb weniger Minuten wurde mir klar, daß etwas nicht stimmte. Der Glanz in ihren Augen war erloschen, mit hängenden Schultern ging sie umher. Sie bot mir eine Tasse Kaffee an, dann saßen wir in der Küche und plauderten.

Plötzlich unterbrach sich Heather mitten in einem Satz, starrte mich an und wurde rot im Gesicht. „Betty, ich muß dich etwas fragen. Was weißt du über oralen Sex?"

Ich war überrascht. ,,Fast nichts", sagte ich und versuchte, mich auf das völlig unerwartete Thema zu konzentrieren.

,,Stimmt es, daß jedes Ehepaar das tut?" fragte sie.

,,Wer hat dir das gesagt?"

,,Nun ..." Heather zögerte, dann starrte sie aus dem Fenster. Vorsichtig wählte ich meine Worte und fuhr fort: ,,Heather, ich bin mit einem sehr kräftigen Mann verheiratet, und mein erster Mann war ebenfalls sehr männlich. Sex mit ihnen war wunderschön und vollständig befriedigend. Auch ohne oralen Sex."

,,Genauso war es bei Jack und mir", sagte sie versonnen. Dann wechselte sie ebenso abrupt wie vorher das Thema.

Als ich an jenem Abend Carl von der Unterhaltung erzählte, wurde er nachdenklich. ,,Unsere Generation ist durch Pornofilme und Sex-Magazine einem Propagandasturm für oralen Sex ausgesetzt. Doch nur weil viele ihn praktizieren, muß es noch lange nicht richtig sein. Für mich ist das nicht normal; es stellt eine Art der Wollust dar— die Lüsternheit des Fleisches."

,,Würdest du das auch Ron sagen?"

,,Sicher würde ich das tun, wenn er mich um Rat fragen würde. Ich kann aber nicht zu ihm hingehen und ihm meine Meinung einfach unterjubeln."

,,Aber es zerstört ihre Ehe. Heather sieht schrecklich aus. Alles Leben ist aus ihr gewichen."

,,Ich meine, da müssen auch noch andere Probleme vorliegen, Betty. Heather hat bestimmt genug Charakter, mit Ron über diesen Punkt zu verhandeln."

Wochen gingen vorüber, bevor ich Heather wiedersah. Sie rief an und bat, mich besuchen zu dürfen. Ihre Stimme war voller Spannung und doch leise. Als wir uns in einem Einkaufszentrum trafen, hörte ich ihre Klagen, die wie eine Flut aus ihr herausbrachen.

,,Betty, es ist furchtbar schwierig mit Ron. Ich habe versucht, ihn nicht mit Jack zu vergleichen. Aber Jack war so warmherzig und voller Humor, und Ron ist so unbefriedigt und, na ja, einfach seltsam." Sie betrachtete eine Auslage von Damenschuhen, ohne daß ihre Augen etwas wahrnahmen.

„Zwei Wochen nach der Hochzeitsreise", fuhr sie fort, „stellte ich fest, daß ich wie ein kleines Kind gewesen war, das am Weihnachtsmorgen die Treppen hinunterrast und ein großes, wunderschönes Paket unter dem Baum findet. Aber als ich das Paket aufmachte, war es leer." Tränen füllten ihre Augen. „Ron sagte mir, daß er unglücklich sei, weil er schwer verschuldet ist und mir das vorenthalten hatte. Ich hob einen großen Betrag von Jacks Lebensversicherung ab, die mir ja zur Verfügung steht. Damit konnte Ron seine Schulden bezahlen. Zwei Tage lang war er wie ein befreites Kind. Dann kamen neue Depressionen. Nach einem ausführlichen Gespräch erfuhr ich, daß er schon einmal verheiratet gewesen war. Das war eine kalte Dusche für mich. Aber ich akzeptierte seine Erklärung, daß sie keine gute Frau gewesen sei.

Dann wurde er zornig, als ich meinen Eltern und ein paar Freunden Karten zum Valentinstag schickte. Er sagte, das dürfte ich nicht ohne seine Erlaubnis tun. Eines Abends holte er dann die Bibel und las mir die Stelle aus dem Epheser-Brief vor, in der es heißt, daß eine Frau ihrem Gatten in allen Dingen gehorchen muß. Er sagte mir, er brauche oralen Sex, um glücklich zu sein. Auch wenn ich meinte, es sei falsch, würde er uns beide vor Gott rechtfertigen. Aber ich würde auf jeden Fall sündigen, wenn ich ihm nicht gehorchen wollte. Alle Ehepaare täten das jetzt und ich sei einfach prüde."

Heather wandte mir das Gesicht zu. „Darum habe ich dir damals die Frage gestellt, Betty. Ich konnte es einfach nicht tun und sagte es ihm auch. Aber ich fragte mich, ob ich zu fromm und nicht erfahren genug sei. So versprach ich Ron, darüber zu beten. Und das tat ich. Ich sagte Gott, daß ich Ron liebe und daß er mich ändern soll, wenn Ron sich nicht ändern würde. Und ich sagte Gott, ich würde ihm alles überlassen.

Dann fing ich an, die Bibel zu studieren, Betty. Wochen gingen vorüber, aber Ron änderte sich nicht. Ich nahm denselben Vers der Bibel, den einen, der schon abgenutzt war, weil meine Finger das Papier zerrieben hatten. Ich las ihn, wiederholte ihn immer wieder und betete. Da Ron seine Einstellung zum Sex nicht geändert hatte, fragte ich mich, ob er vielleicht recht hatte und ich falsch lag."

Heather sah mir direkt ins Gesicht.

„Ich bekam kein klares Ja oder Nein vom Herrn", fuhr sie fort. „Aber ich bekam plötzlich eine so große Sehnsucht nach der warmen, liebenden, natürlichen Beziehung, die Jack und ich in unserer Ehe gehabt hatten. Eine solche Antwort genügte mir."

Etwa zehn Tage später rief mich Heather wieder an. Sie war völlig aus der Fassung. „Ron und ich sind bei einem Psychologen gewesen", begann sie. „Der erklärte mir, ich sei eine altmodische Tante, ein Vogel Strauß, der den Kopf in den Sand steckt. Er sagte, wir sollten tun, was wir zu unserem Vergnügen brauchten, sei es außerehelicher, vorehelicher oder gleichgeschlechtlicher Sex — solange beide Partner einwilligten. Dann gab er mir ein medizinisch-psychiatrisches Journal zum Lesen. Darin steht: »Wenn zwei reife Erwachsene übereinstimmen, können sie ihren Neigungen nachgeben und körperlich-sexuelle Aktivitäten ausüben mit einem anderen oder auch demselben Geschlecht!«"

Dieser Bericht schockierte mich. Inzwischen brachte der Herr mich in Kontakt mit anderen Frauen, die durch ähnliche Schwierigkeiten gingen wie Heather.

Eine Frau, mit der ich sprach, war mutlos, schien aber den Grund nicht genau angeben zu können. Zum ersten Mal in meinem Leben stellte ich die schonungslose Frage: „Praktizieren Sie oralen Sex?"

Zuerst brauste sie auf, und ich überlegte, ob ich sie beleidigt hätte. Dann seufzte sie und nickte langsam. „Ja, aber nicht gern."

„Warum machen Sie dann weiter?"

„Weil... nun, mein Mann möchte es."

„Ich habe bei Frauen wie Ihnen festgestellt, daß dieser Sex, anstatt Erfüllung zu bringen, die Freude raubt und die Vitalität mindert", entgegnete ich ihr.

Sie versicherte mir, mit ihrem Mann über das Problem zu reden. Innerhalb einer Woche hatte ich ähnliche Unterhaltungen mit zwei anderen Frauen. Beide waren durch Argumente beschwichtigt worden, es sei modern, erotischer und befriedigender. Doch beide gaben zu, daß sie unbefriedigt blieben.

Eines Abends, während einer zufälligen Unterhaltung mit einem medizinischen Anwalt, erfuhr Carl, daß Heathers Psychiater allgemein als Homosexueller bekannt war. Carl befürchtete nun, daß Ron auch homosexuell sei.

Als ich Heather wiedersah, hatte sie tiefe Schatten unter den Augen. Sie bestätigte den Verdachtsgrund, den Carl und ich hegten.

„Vor einigen Tagen fand ich heraus, daß Ron mich belog, wenn er ein oder zwei Abende in der Woche allein ausging. Er spielte nicht Tennis, wie er behauptete, sondern traf sich mit einem jungen Mann, der wegen seiner Homosexualität aus einem christlichen College geflogen war."

Tränen liefen über ihre Wangen, als sie fortfuhr: „Ich stellte Ron zur Rede, und er gab es zu, sagte aber, es sei nur meine Schuld, weil ich nicht tun würde, was er von mir wollte. Als ich ihm sagte, ich könnte nicht länger seine Frau sein, flehte er mich an, ihn nicht zu verlassen. Ich stimmte schließlich zu, bei ihm zu bleiben, wenn er psychiatrische Hilfe in Anspruch nehmen würde — doch diesmal von einem christlichen Psychiater."

Ihre Schultern begannen zu zucken, ich hielt ihre Hände, bis sie weitersprechen konnte.

,,Ich forderte Ron auf, sich mit mir am Bett hinzuknien. Und er tat es. Ich bat ihn, seine Sünde zu bekennen und Gott um Vergebung zu bitten. Das konnte er nicht. Er weinte nur. Er suchte Mitleid, war aber nicht bereit, sich zu ändern.

Am nächsten Morgen konnte Ron nicht aufstehen, um zur Arbeit zu gehen. Er hatte Fieber. Unser Hausarzt kam mittags und gab ihm eine Spritze. Als ich sah, daß die medizinische Behandlung nicht half, rief ich einen Pastor an, den Ron kannte, und bat ihn, für seine Heilung zu beten. Dann ging ich ins Badezimmer, schlug meine Bibel auf und las die Verse 14—16 aus Jakobus 5.

Ich kannte die Verse gut: »Ist jemand unter euch krank, der rufe zu sich die Ältesten der Gemeinde, daß sie über ihm beten und ihn salben mit Öl in dem Namen des Herrn. Und das Gebet des Glaubens wird dem Kranken helfen, und der Herr wird ihn aufrichten; und wenn er hat Sünden getan, wird ihm vergeben werden. Bekennet einer dem andern seine Sünden und betet füreinander, daß ihr gesund werdet. Des Gerechten Gebet vermag viel, wenn es ernstlich ist.«

Mein Herz hüpfte vor Freude, als ich diese Worte las", fuhr Heather fort. ,,Das war das Wunder, das ich erwarten durfte. Es war Gottes Gnade und Barmherzigkeit, die einen Weg der Heilung für Ron anbahnte. Dieses Wort würde die Tür zu seiner Heilung und Befreiung sein! Das erste Mal nach fast einem Jahr konnte ich ein Licht am Ende des Tunnels sehen. Es würde keine Trennung notwendig sein, und niemand brauchte etwas von Rons Vergangenheit zu erfahren! Ich konnte kaum die Ankunft des Pastors erwarten."

Heathers Stimme zitterte. Es dauerte einige Minuten, ehe sie weitersprechen konnte. ,,Als der Pastor kam, begrüßte Ron ihn herzlich. Wir sprachen eine Weile über allgemeine Dinge, dann holte der Pastor eine kleine Flasche Olivenöl aus seiner Tasche. Er öffnete die Flasche, entnahm mit dem Finger etwas Öl, um Rons Stirn zu salben. Aber plötzlich verzerrte sich Rons Gesicht. Er schlug dem Pastor die Flasche aus der Hand, wobei das Öl über die Bettdecke spritzte. Dann hielt er dem Pastor am Handgelenk fest und sagte: »Dieselbe Schriftstelle, die besagt, daß man mit Öl salben soll, um die Kranken zu heilen, sagt auch, der Kranke soll die Ältesten rufen. Es wird nicht wirken, weil ich Sie nicht gerufen habe. Heather war es.«

Der Pastor trat zurück, senkte den Kopf und betete: »Himmlischer Vater, zeige Ron dein Erbarmen und deine Liebe!« Dann ging er still hinaus. Ich folgte dem Pastor zu seinem Wagen und entschuldigte mich. Er legte den Finger auf den Mund und sagte: »Sie brauchen kein Wort zu sagen. Ich weiß, daß Ron homosexuell ist, und ich kann den Jammer nachfühlen, den Sie erduldet haben. Ich wollte Sie warnen, als Sie Ihre Hochzeit planten. Aber ich hatte Ron ein Jahr vorher in der Seelsorge gehabt und ihm versprochen, sein Geheimnis niemals auszuplaudern. Ich meinte, ich dürfte mein Versprechen als Seelsorger nicht brechen. Vielleicht war das falsch. Vielleicht hätte ich es Ihnen sagen sollen. Gewiß hätte Ron Sie nie heiraten sollen. Er tut mir leid, noch mehr aber Sie und Ihre Kinder. Ich kann Ihnen bloß raten, einen Anwalt aufzusuchen, der ein Gesuch einreicht, die Ehe für ungültig zu erklären. Ron hat Ihnen seine Homosexualität verheimlicht, deshalb brauchen Sie keine Scheidung einzureichen.«“ Der Pastor erzählte weiter, daß ihr Fall nicht der einzige sei. „Ich betreue gegenwärtig 12 Frauen aus unserer Gemeinde, deren Männer auf oralem Sex bestehen. Diese Frauen sind nervös, depressiv und fühlen sich abscheulich, weil sie sich dazu hergeben müssen.“

Heather liebte Ron, und sie brauchte all ihren Mut, zu einem Anwalt zu gehen und den Antrag zu stellen. Ich gab meine Zustimmung, als Zeugin auszusagen.

Als ich Heather am Morgen des Anhörungstermins im Gerichtsgebäude sah, hielt ihre rechte Hand ein Kärtchen umklammert. Sie zeigte es mir: „Der Herr ist mein Helfer“, stand darauf.

Bei der Vernehmung stand Heather vor dem Richter und erzählte ihre Geschichte. Dann bat der Richter Ron, seine Sicht der Dinge darzustellen. Er stand auf, sagte kein Wort und ging zur Tür hinaus. Rons Anwalt wurde aufgerufen, Stellung zu nehmen. Aber er schüttelte nur den Kopf. „Ich habe nichts zu sagen."

Der Richter ordnete an, die Berichte auf der Kassette zu versiegeln, und gab dem Antrag auf Erklärung der Ungültigkeit statt.

Als ich mit Heather zum Essen ging, konnte sie sich nicht freuen. Sie war traurig und nachdenklich. „Betty, ich spüre, daß der Herr mich von der Bindung befreit hat, und dafür bin ich sehr dankbar. Ich fühle auch keinen Ärger oder Groll Ron gegenüber. Er ist ein Gefangener. Ich wünschte, es gäbe einen Weg, ihm zu helfen."

„Ich hoffe, er sucht ihn", erwiderte ich.

„Das hoffe ich auch. Aber wenn er ihn nicht suchen wollte, um unsere Ehe zu retten, glaube ich nicht, daß er es jetzt tun wird. Er will als Homosexueller weiterleben."

„Ich verurteile Ron nicht. Ich habe nur ein überwältigendes Gefühl meiner eigenen Sünde. Ich habe die Schrift verdreht. Ich nahm eine Stelle und bog sie so zurecht, daß sie meinen Wünschen entsprach. Mein Gebet war falsch. Gott hat es wahrscheinlich erhört, um mich eine Lektion zu lehren."

„Ich glaube nicht, daß Gott dich bestraft hat, weil du dir so sehr einen Ehemann wünschtest", erwiderte ich. „Aber ich beginne zu verstehen, daß er es zulassen könnte, daß auch gefährliche Gebete erhört werden."

Heather sah verwirrt aus. „Ich dachte, Gott beantwortet Gebete entweder mit ja oder nein. Wenn er falsche Bitten ablehnt, wie kann er sie dann erfüllen?"

„Satan kann auch Gebete beantworten. Mehr Leute, als du dir vorstellen kannst, beten zu ihm."

Heather fröstelte. „Ich sehe, was du meinst. Mein Gebet

war so verkehrt, daß Satan es aufgriff und für sich ausschlachtete.“ Sie blickte mich fest an. „Ich möchte zur Kirche gehen, Betty. Ich möchte auf meine Knie fallen, Gott um Verzeihung bitten und über mein Handeln Buße tun. Ich möchte innerlich wieder rein werden.“

Heather wurde gereinigt. Ihre Ehe mit Ron war eine bittere Erfahrung für sie, aber ich bete, daß Gott einen Weg finden möge, aus dieser Erfahrung Gutes erwachsen zu lassen.

8

DAS ANONYME GEBET

Es gibt Zeiten, in denen wir für Menschen beten müssen, die sich in Not befinden, ohne daß diese um unser Gebet wissen. Manche Menschen, die hören, daß für sie gebetet wird, werden ärgerlich auf Gott oder sarkastisch und können so die Wirkung der Gebete zunichte machen. Ein stilles, beständiges Gebet kann gerade dann Heilung bewirken, wenn die Betroffenen nicht um das Gebet wissen. Ich nenne diese Gebete anonym, weil ihr Ursprung unbekannt bleibt. Die Verheißung dafür steht in Matthäus 6, 6: „Wenn du betest, so gehe in dein Kämmerlein und schließe die Tür zu und bete zu deinem Vater, der im Verborgenen ist; und dein Vater, der in das Verborgene sieht, wird dir's vergelten."

Ich vergleiche die Wirkung des anonymen Gebetes gern mit der Kraft eines Maiskornes. Wenn ihm die rechte Zeit und Sorgfalt gegeben wird, bringt ein Korn, anonym in der dunklen Erde verborgen, zwei Halme hervor, von denen man gewöhnlich je zwei Maiskolben erntet.

Eines Tages untersuchte ich verschiedene Maiskolben. Ich zählte die Reihen und entdeckte, daß jeder Kolben eine gerade Zahl von Reihen aufweist. Nachdem ich die einzelnen Körner gezählt hatte, errechnete ich einen Durchschnitt von 716 Körnern pro Kolben. Die Ernte eines Samenkornes! Für ein gepflanztes Korn können annähernd 2864 Maiskörner geerntet werden.

Gebet, so glaube ich, löst eine Kettenreaktion aus, die weit über den Ertrag eines Maiskornes hinausgeht. Jeder Christ, der Zeit und Energie für das Gebet investiert, kann einen fruchtbaren Dienst an Menschen tun, ohne daß diese etwas davon wissen. Gott wird allerdings nicht segnen, wenn solche Gebete nicht auf seinem Wort basieren.

Es kann sein, daß ein Mensch, der hört, man würde für ihn beten, sich bedroht fühlt. Das anonyme Gebet, von dem niemand etwas weiß, kann dagegen in der Stille wirken.

So war es auch bei meinem Großvater Dad Burns. Früh in seinem Leben hatte er sich von dem Glauben und der Gemeinde abgewandt. Der Grund dafür lag zum Teil darin, daß eine Frau ihm einmal mit weinerlicher Stimme ein Solo widmete, als er ausnahmsweise in der Kirche auftauchte. Sie meinte es völlig aufrichtig, als sie ihn traurig ansang: „Soll der Sündenkreis niemals durchbrochen werden?"

Dad Burns entschied, an solchem Religionsgewimmer wolle er keinen Anteil haben.

Meine Mutter begann, für ihren Vater zu beten, als sie noch ein junges Mädchen war. Dad Burns war Bauunternehmer und mußte oft auf Gerüste klettern. Sie fürchtete, ihr Vater könnte eines Tages abstürzen. Wenn er sterben müßte, wäre er nicht bereit, vor Gott zu treten.

Dad Burns war auch der Unterhaltungskünstler der Familie. Wir Kinder liebten ihn sehr. Wenn im Gespräch die Gegensätze aufeinander prallten oder die Kinder sich stritten, wenn eine religiöse oder politische Diskussion außer Kontrolle geriet, sprang er auf, hüpfte von einem Bein auf das andere und tat so, als ob er Geige spielen würde. Er wiegte sich, schnitt Grimassen wie ein großer Maestro, und mit einer imaginären Geige unter dem Kinn strich er mit Virtuosität über die Saiten. Wir alle bogen uns vor Lachen bei dieser Vorführung, und bald gingen die zornigen Worte in Gelächter unter.

Auch wenn jemand mit ihm über seine Seele sprach, spielte er den Clown. Einmal redete ihm Onkel Archibald, sein Schwager, der Prediger war, sehr ernst ins Gewissen. Dad Burns griff in seine Hosentasche und sagte: „Dies ist mein Gott", wobei er mit der Hand auf den Beutel mit Kautabak klatschte.

Das anonyme Gebet für Dad Burns zog bald weite Kreise. Nicht nur seine Frau und meine Mutter beteten, sondern die ganze Familie schloß sich an. Weil er den Kautabak zu seinem Gott erklärt hatte, wurde diese Gewohnheit das Ziel der Gebete.

Meine vier Brüder und ich fingen an, Großvater zu imitieren und spielten Dad Burns. Wir hatten ständig Rosinen in den Taschen, kauten und spuckten genau wie er. Wir liebten den alten Mann und sein unbekümmertes, freundliches Wesen, seine unorthodoxen Methoden und Späße. Der Disput mit Onkel Archibald dauerte an: „Ich würde schon gern in euren Himmel gehen, aber weißt du, die würden mich da oben nicht kauen und auf ihre goldenen Gassen spucken lassen. Sobald ich zum ersten Mal Tabaksaft auf die goldenen Straßen spuckte, würde Sankt Peter mich in den Hintern treten und hinausbefördern. Und wenn ich meinen Tabak nicht mitnehmen kann, will ich nicht gehen. Er ist seit 41 Jahren mein Kumpel, und ich trenne mich nicht von ihm."

Die Erwachsenen sahen gequält drein, die Kinder amüsierten sich, und Onkel Archibald wechselte das Thema. Als wir begannen, mit unseren Freunden auszugehen, versprach Dad Burns, nicht vor ihnen zu kauen und zu spucken. Er hielt sich an sein Versprechen. Eines Tages hörte ich meine Mutter zu Vater sagen: „Glenn, ich mache mir keine Sorgen mehr über meinen Vater. Ich habe für ihn von Kindheit an gebetet, und kürzlich erhielt ich die Gewißheit, daß es nicht mehr lange dauern wird, bis er sich bekehrt."

Neun Jahre danach ging Dad Burns an einem Sonntagabend freiwillig in die Kirche. Am Schluß der Predigt stand er auf, ging nach vorn und kniete weinend am Altar nieder. Er nahm Jesus nicht nur an, er bat auch flehentlich um Vergebung und Erlösung von seinen Sünden. Nicht einer hatte ihn an diesem Abend aufgefordert zu kommen. Es gab auch keinen Aufruf zur Bekehrung. Später sagte er uns: „Der Geist Gottes holte mich aus der Bank, trieb mich nach vorn und zwang mich auf meine Knie."

Meine Großmutter rief abends um halb zehn an und erzählte uns die Neuigkeit. „Dad lachte und weinte und umarmte jeden, der gerade im Haus war", sagte sie. „Ich kann euch nicht sagen, wie verwandelt er ist. Und voller Energie! Ich habe ihn nie so feurig und lebendig gesehen wie jetzt, wo er wirklich ein neues Leben beginnt!"

Drei Tage danach besuchten wir die Großeltern. Als Dad Burns nach Hause kam, konnte er kaum essen, weil er uns von seiner neugefundenen Freude erzählen mußte. „Ich fühle mich so frei und rein wie ein kleines Kind", schloß er.

„Und was ist mit deinem Tabak?" fragte Mutter. „Ist er immer noch dein Gott?"

Erstaunt sah er uns an. Dann klatschte er auf seine Hosentasche und rief laut: „Tabak?" und zog dabei einen Beutel hervor, der flach wie ein Pfannkuchen war. „Ich habe ihn glatt vergessen", sagte er erstaunt. Er hatte drei Tage auf einem Dach gearbeitet und immer denselben blaugestreiften Overall getragen. Kein Wunder, daß der Tabakbeutel breitgequetscht war. „Das ist ein Wunder!" rief er, nahm den Tabakbeutel und legte ihn in Großmutters Ahornschrank. Er sollte immer eine Erinnerung daran sein, daß Gott heute noch Wunder tut. Noch Jahre später lag der Beutel in dem Schrank. Und immer wenn junge Leute meinten, sie kämen von einer Gewohnheit nicht los, holte er ihn heraus. „Laßt es Gott für euch tun", pflegte er dabei zu sagen. Er war ein lebendiger Beweis seiner eigenen Worte.

Meine Familie hatte mehr als 18 Jahre für Dad Burns gebetet. Das ist zweifellos eine lange Wartezeit für die Erhörung eines Gebetes, aber Gottes Zeitplan sieht anders aus als der unsrige. Wenn wir treu sind und Monat um Monat, Jahr um Jahr beten, dann wird Gott unsere Gebete erhören, ob wir es noch erleben oder nicht.

Während einer Fernsehserie, die „Der Millionär" hieß, begann ich für Menschen zu beten, die nichts davon wußten. In dieser Serie wird dargestellt, wie ein reicher Wohltäter Menschen, die in besonderen Nöten steckten, jeweils damit überraschte, daß er ihnen eine Million Dollar schenkte. Was diese Glücklichen dann mit dem Geschenk anfingen, ergab immer eine gute und dramatische Geschichte.

Ich hatte kein Geld zu verschenken, aber ich konnte Menschen, die Probleme hatten, ein viel größeres Geschenk machen. Ich begann, in der Stille für sie zu beten. Und ich konnte — wie der Millionär — mit Freude und Dankbarkeit beobachten, wie Probleme gelöst wurden.

Zum ersten Mal durfte ich erleben, wie dieses Prinzip auf wunderbare Weise bei meinem Bruder Jim wirkte. Er wohnte mit seiner Frau Barbara in einem bescheidenen, aber netten Haus in Houston. Sie sehnten sich nach Kindern, aber nach sieben Jahren Ehe waren sie immer noch kinderlos. Tests zeigten, daß Jims Samenfäden nicht ausreichten für eine Fortpflanzung.

Unmittelbar vor Ostern 1965 fuhr ich mit Vater und Mutter nach Houston, um Jim und Barbara zu besuchen. An dem ersten Abend gratulierten wir ihm zu seinem geschäftlichen und finanziellen Erfolg.

„Alles schön und gut", erwiderte er, „aber ich bin ein Versager, wenn es ans Kinderzeugen geht."

Später an jenem Abend gab mir Mutter zu verstehen, ich solle ihr folgen. Wir gingen in Jims und Barbaras Schlafzimmer, und Mutter schloß die Tür hinter uns. „Betty, ich möchte etwas tun. Aber es soll unser Geheimnis bleiben. Ich glaube, es liegt eine besondere Kraft in der geheimen Fürbitte für andere. Und zwar aus zwei Gründen: Erstens weil die Person, für die gebetet wird, nicht in eine Verteidigungsstellung gehen kann und somit dem Gebet keinen Widerspruch leisten kann. Zweitens, der Beter kann nicht eingebildet werden, wenn die Erhörung kommt, weil der Empfänger nicht weiß, wem er außer Gott danken soll, und so soll es sein."

Wir knieten uns neben das Ehebett. Ich werde diese Szene nie vergessen. Mutter legte beide Hände auf die Bettdecke und ich folgte ihrem Beispiel. Dann betete sie: „Herr, wir bitten dich um deiner Güte und Barmherzigkeit willen, schenk Jim und Barbara ein Kind, das Freude in ihr Heim bringt. Wenn es dein Wille ist, laß die Kleine sanfte, große, braune Augen haben wie Jim."

Mutter traten Tränen in die Augen, sie gewann aber ihre Fassung wieder und betete weiter: „Wir werden darauf warten, daß es geschieht, Herr, denn nichts ist unmöglich bei dir. Du allein bist der Schöpfer des Lebens. Wir vertrauen dir."

Bevor wir aus dem Zimmer gingen, mußte ich ihr versprechen, unser Gebetsgeheimnis zu wahren. Gleichzeitig forderte sie mich auf, weiterzubeten bis die Erhörung da sei.

Lisa Jeanette Perkins wurde am 2. Februar 1966 geboren, zehn Monate nach Beginn unseres anonymen Gebetspaktes. Sie hatte große, sanfte, braune Augen wie ihr Vater.

Mit Lisas Geburt endete unser Pakt, deshalb kann ich diese Geschichte jetzt erzählen. Ich bin nicht sicher, ob ich die Kraft, die in dieser Art von Geheimnissen liegt, richtig begreife, doch ich weiß, daß Gott dadurch geehrt wird. Ein aufrichtiges Verlangen unter dem Mantel des Schweigens scheint besondere Kraft zu haben. Doch sobald man darüber spricht, wird die Kraft zersplittert.

Als mein Vater Pastor an einer kleinen Backsteinkirche in Indiana wurde, sah er mit einem Blick auf das Pfarrhaus, das direkt neben der Kirche stand, daß die Fenster des hübschen Kirchleins durch meine vier lebhaften Brüder bedroht waren, falls diese anfangen würden, Baseball zu spielen! Also wurde das Pfarrhaus an eine Witwe vermietet, und meine Eltern kauften ein Grundstück, 11 Meilen weiter südlich, mit einem Obstgarten und viel Land, auf dem Tiere und eine große Familie reichlich Platz fanden. Wir waren damit auch weit entfernt von einer gewissen Spielhalle, die einen bösen Ruf besaß.

Ishmael Burgess war der Besitzer dieser Halle, die alle dunklen Elemente jener Gegend in ihren Bann zog. Eines Abends hörte ich meine Mutter zu Vater sagen: „Es ist ja gut, daß wir so weit weg von diesem Ort des Lasters wohnen, aber was ist mit den Leuten in der Nähe? Laß uns im Glauben beten, Gott möge diese Spielhölle schließen!" Mein Vater war einverstanden, und ich hörte sie oft zu Gott rufen wegen der Halle, aber nie öffentlich.

Ishmaels Frau hieß Verdie, eine flotte Frau mit schwarzem Haar, blitzenden schwarzen Augen und einem unbekümmerten Lächeln. Sie war aktiv in unserer Gemeinde tätig und alle hatten sie gern. Becky Wallace, Ishmaels Schwester und ihr Mann waren ebenfalls Mitarbeiter der Gemeinde.

Eines Abends gegen Mitternacht wurden wir alle durch ein lautes Klopfen an der Haustür aus dem Schlaf gerissen. Ich kroch aus dem Bett und beobachtete, wie mein Vater einem Mann, der kaum aufrecht stehen konnte, die Tür öffnete. Der Betrunkene stammelte unzusammenhängende Sätze und war kaum zu verstehen.

„Pastor, helfen Sie mir!" stieß der Mann hervor. Er murmelte dann noch etwas, was ich nicht verstehen konnte, aber ich hörte noch das Wort „verloren" heraus.

„Ich werde Sie nach Hause fahren, Ishmael", sagte mein Vater schließlich. „Sie können morgen wiederkommen und Ihren Wagen abholen."

Der Eigentümer der Spielhalle hob den Kopf und schaute mit roten Augen und wackligem Kopf meinem Vater offen ins Gesicht. Seine Sprache war plötzlich ganz deutlich: „Sie sollten wissen, was ich meine", rief er. „Ich weiß den Weg nach Hause, aber ich habe mich trotzdem verirrt und bin verloren, weil ich den Weg zu Gott nicht kenne. Ich möchte Frieden haben wie meine Frau Verdie. Und wie meine Schwester Becky und ihr Mann ihn auch haben."

Ich drängte mich näher, als meine Eltern ihn einluden, Platz zu nehmen. Noch nie hatte ich einen Trinker aus der Nähe gesehen. Aber ich war auch etwas besorgt, weil ich seine Frau Verdie so gern hatte. Auf Vorschlag meines Vaters versuchte Ishmael zum Gebet niederzuknien, aber er fiel in seinem betrunkenen Zustand gegen die Couch. Mein Vater begann zu beten: „Herr, mache ihn nüchtern, damit er weiß, was er tut. Befreie ihn von seinem Elend! Gib ihm den Frieden des Herzens!"

Mit einem Mal begann Ishmael zu schluchzen und zu beten. Nachdem er einmal angefangen hatte, richtete er sich plötzlich auf und sprach klar und deutlich mit Gott.

Dann begann er, zu meiner Überraschung, vor Freude und Verwunderung zu lachen, daß Gott ihn so schnell ernüchtert hatte. Es dauerte nicht lange, und er führte eine völlig normale Unterhaltung mit meinen Eltern. Mein Vater brachte ihn nicht nach Hause, sondern fuhr in unserem Auto vor ihm her, während Ishmael folgte. Vater wollte Verdie ihren neuen Ehemann vorstellen!

Ishmael war nicht der einzige Trinker in der Stadt, der geheilt wurde. Doch über seine Heilung freuten sich die Leute am meisten, weil er anschließend die Spielhalle schloß und das Gebäude an ein Möbelgeschäft verkaufte. So führte der geheime Gebetspakt meiner Eltern im Blick auf die Spielhalle zu einem überraschenden Erfolg. Ishmael verbrachte die letzten 18 Jahre seines Lebens als ein geachteter Bürger seiner Stadt. Er starb vor etlichen Jahren, und ich habe jetzt die Freiheit, von diesem Gebetsgeheimnis meiner Eltern zu berichten.

Ich erzählte einem jungen Mann, den ich Walter nennen will, von meiner Theorie des anonymen Gebets. Er kam zu mir wegen eines finanziellen Problems, das wie eine Wunde in ihm eiterte und eine Freundschaft zu zerbrechen drohte.

Walter hatte einem Freund eine Summe Geld geliehen, damit dieser ein Haus anzahlen konnte. Sein Freund war einverstanden, jeden Monat 50 Dollar auf Walters Konto zurückzuzahlen.

Monate gingen dahin. Walter kam zu seiner Bank, um von seinem Konto Geld abzuheben, und stellte fest, daß sein Freund nicht eine einzige Einzahlung geleistet hatte. Als er versuchte, den Freund anzurufen, war er nicht zu erreichen.

Walter schickte ihm mit der Post Mahnungen, schließlich schrieb er ihm einen Brief: „Ich möchte unsere Freundschaft erhalten, auch wenn du im Moment nichts zahlen kannst. Ich will geduldig sein und auf das Geld warten. Aber bitte gehe mir nicht aus dem Wege."

Ich berichtete Walter von einigen meiner Gebetserfahrungen, und er wollte einen Versuch mit dem anonymen Gebet machen. Er ließ seinen Freund in Ruhe, sagte niemand etwas von seiner Lage und daß er für den Freund betete.

Ein Jahr später fand Walters Freund eine neue Arbeitsstelle in einem anderen Bundesstaat. Walter fragte sich, ob das wohl das letzte sein würde, was er von seinem Geld und seinem Freund hören würde.

Mehrere Monate darauf erhielt er einen Einschreibebrief. Darin lag ein Bankwechsel über die gesamte Leihsumme, aber nicht nur mit den vereinbarten Zinsen von 7 Prozent. Sein Freund hatte sie auf 10 Prozent erhöht.

Eines Morgens ging ich aus dem Studierzimmer meines Mannes ins Wohnzimmer. Als ich durch die Tür ging, kamen mir die Worte in den Sinn: „Heiligt euch, denn morgen wird der Herr Wunder unter euch tun." Es war Samstag, und ich versuchte mich auf den Hausputz zu konzentrieren, doch die Worte gingen mir nicht aus dem Kopf.

Ich fand die Stelle in Josua 3, 5. Diese Worte sagte Josua zum Volk Israel, nicht zu mir, überlegte ich. Doch es klang weiter in meinen Ohren: „Heiligt euch", und ganz betont danach, „denn morgen wird der Herr Wunder unter euch tun." Wir beide, Carl und ich, waren deshalb in gespannter Erwartung. Wie gesagt, es war Samstag, und gerade die Samstage waren nicht immer unsere besten Tage. Manchmal hatten wir Streit an solch einem Tag. April schaute Kindersendungen im Fernsehen an, Carl stand unter dem Druck seiner Predigtvorbereitung, dazwischen rauschten die Klänge meiner Orgelmusik: diese merkwürdige Kombination von Aktivitäten erzeugte immer eine knisternde Spannung im Haus. Wenn es dann ordentlich knisterte, sagten wir manchmal scherzhaft: „Es muß wohl Samstag sein.“

Da ich die Aufforderung „heiligt euch“ nicht aus meinem Herzen verbannen konnte, hörte ich mit dem Hausputz auf und ging in Carls Arbeitszimmer. Er hörte mir zu und meinte, daß Gott zu mir sprach. „In solch einer Situation gibt es nur eins“, sagte er. „Wenn du weißt, du solltest beten, weißt aber nicht wofür, dann stütze dich auf Römer 8, 26—27.“ Er schlug seine Bibel auf und las die Worte: „Desgleichen hilft auch der Geist unserer Schwachheit auf. Denn wir wissen nicht, was wir beten sollen, wie sich's gebührt; sondern der Geist selbst vertritt uns mit unaussprechlichem Seufzen. Der aber die Herzen erforscht, der weiß, was des Geistes Sinnen sei; denn er vertritt die Heiligen, wie es Gott gefällt.“

„Betty, wir sind beide mit dem Heiligen Geist erfüllt. Wir wollen ihn bitten, uns zu gebrauchen.“ Also beteten wir, wie es die Bibel empfahl, in einer leichten Abart des anonymen Gebets. Dann vergaßen wir die Angelegenheit bis zum nächsten Morgen.

Der Sonntagmorgengottesdienst ging zu Ende, ohne daß etwas Außergewöhnliches geschah. Carl und ich verabschiedeten uns eben von den Gemeindemitgliedern, als wir unseren Zahnarzt John Eagle und seine Frau Cynthia bemerkten, die sich mit ein paar Leuten in der letzten Bank unterhielten. John winkte uns zu, wir sollten kommen. Als wir auf sie zugingen, bot sich uns ein trauriger Anblick. Eine blasse junge Frau, knapp über 20 Jahre alt, saß dort und hielt auf ihrem

Schoß ein kleines Mädchen. Neben ihr saß ein verängstigtes älteres Mädchen. Wir stellten bald fest, daß es taub war.

Die junge Frau stellte sich als Diana Standish vor. Sie war schrecklich krank, seit vier Tagen arbeitete ihr Darm nicht mehr, außerdem litt sie an einer chronischen Niereninfektion und wog nur noch 89 Pfund. Sie sagte, daß sie zu ihrer Großmutter nach Houston gekommen sei, um hier zu sterben. Klinische Untersuchungen am Tag zuvor hatten einen Darmverschluß ergeben, und Bluttests deuteten auf Krebs hin. Ihre Blutwerte und besonders die schon lange andauernde Blaseninfektion machten eine Operation zu einem großen, aber notwendigen Risiko. Vor einiger Zeit hatte sie ihr Mann im Stich gelassen. Seitdem hatte sie als Nackttänzerin gearbeitet, um den Lebensunterhalt für sich und ihre beiden Kinder zu verdienen.

Weder die Mutter noch die Kinder waren je zur Kirche gegangen. Die junge Frau war völlig unvorbereitet auf den Tod, dem sie nun gegenüberstand. Ihre Großmutter hatte ihr den Vorschlag gemacht, in unsere Kirche zu gehen, weil sie am nächsten lag. Das Trio war während des Gottesdienstes hereingeschlüpft.

„Ich möchte wirklich nicht mehr leben“, sagte sie zu uns, „aber ich suche Hilfe für meine beiden Kinder, besonders für Darlene, die nicht hören und nicht sprechen kann.“ Meinen Mann anschauend, bat sie: „Wollen Sie für sie beten?“

Die Situation ging uns ans Herz. Wir beteten leise zusammen, um die Kinder nicht zu erschrecken. Ich erinnere mich meiner Worte nicht mehr, doch ich bin völlig gewiß, daß dieses Gebet vollmächtig war. Ich dachte an die Worte, die Gott mir tags zuvor gegeben hatte: „Heiligt euch, denn morgen wird der Herr Wunder unter euch tun.“ Heute war morgen! Er wollte Wunder tun! Und ich sollte sein Werkzeug sein. Was für eine Zusicherung!

Dann schloß sich die kraftlose, zitternde Stimme von Diana an: „Gott, vergib mir meine schrecklichen Sünden, meine körperlichen Sünden, die Flüche, die ich ausgesprochen habe. Bitte gib mir Kraft, mich der Operation morgen früh mutig zu stellen."

Sie versprach, ihre Großmutter würde uns anrufen, wenn die Operation vorüber sei. Wir hörten aber weder von ihr noch von der Großmutter etwas, bis zum Mittwochabend. Als Carl und ich die Kirche zum Gottesdienst betraten, stürmte eine gutgekleidete, ziemlich junge Frau durch die Tür, faßte meinen Mann am Arm und begann seinen Arm zu schütteln.

„Kennen Sie mich nicht? Ich bin Diana. Sie werden es nicht glauben — oder vielleicht doch!"

Endlich erkannten wir sie als die junge Frau, die wir vor drei Tagen in solch schrecklichem Zustand hinten in der Kirche getroffen hatten. Was für eine Geschichte hatte sie zu erzählen! Als sie am Sonntagabend ins Krankenhaus kam, ging es ihr schon wesentlich besser, so daß die Krankenschwester, die die Diagnose kannte, sehr verwundert war.

Als man sie am folgenden Morgen zur Operation vorbereitete, überraschte ihr Blutbild den Chirurgen. Er hatte sich von einer lebensbedrohenden Anämie zu den normalen Werten verbessert. Ein weiterer Test zeigte keine Niereninfektion mehr, und der Darmverschluß war verschwunden. Sie gaben ihr nur einen Einlauf, und der Darm arbeitete wieder normal. Man behielt sie noch zwei Tage zur Beobachtung im Krankenhaus, und sie gewann so schnell ihre Kraft zurück, daß man sie schließlich als geheilt entließ. Ihr erster Gang nach der Entlassung aus dem Krankenhaus führte sie zu unserer Kirche, um das Wunder zu berichten.

Mehrere Tage danach rief uns Diana an, daß ihre neunjährige taubstumme Darlene gerade schrecklich aufgeregt in die Küche gekommen sei. Sie hatte ferngesehen, als sie plötzlich Stimmen vernahm. „Ich kann hören, Mami!" rief sie. „Ich kann hören!" Darlene ist nun in einer Sonderklasse, um die drei Schuljahre, die sie versäumt hat, nachzuholen.

Diana ist jetzt so gesund und stark, daß sie nicht genug für die Kranken tun kann. Mit ihrem künstlerischem Talent schafft sie humorvolle Karten und Geschenke, um die Genesenden aufzuheitern. Als meine Tochter April vom Pferd abgeworfen wurde und ihr Schlüsselbein brach, machte Diana zwei Puppen für sie, eine Lumpen-Anni und einen Lumpen-Andi.

Außerdem verkauft sie ihre Arbeiten in unserer Kirche, als willkommene Geschenke für kleine und große Anlässe. Regelmäßig besucht sie auch das Altersheim in der Nähe ihrer Wohnung und erzählt ihre Geschichte, um Patienten aufzumuntern.

Zum ersten Weihnachtsfest nach ihrer Wunderheilung bekam ich einen Brief von ihr. Hier ist er auszugsweise:

> Liebe Betty, vor ein paar Monaten schaute ich mit Furcht und Schrecken auf Weihnachten und glaubte nicht, ich würde es noch erleben. Mein Leben änderte sich an dem Tag, als ich in Eure Kirche kam. Gott sah ein müdes, sterbendes und eigensinniges Mädchen, das nicht an Ihn glaubte. Alles, was ich konnte, war weinen, weil ich so voller Angst war. Als ich Euch und jene anderen Menschen sah, die Tränen um mich weinten, um mich, eine Unbekannte mit einem verkorksten Leben, eine schreckliche Sünderin, konnte ich das kaum fassen. Keiner von Euch kannte mich, und ich kannte Euch nicht. Als Du den Arm um mich legtest, meine Hand hieltest und für mich betetest, spürte ich eine Erschütterung durch meinen Körper gehen. Als ich aus der Kirche ging, wußte ich, Gott war mit mir. Gott ist so wunderbar! Er heilte mich und stellte mein Inneres wieder her. Ich habe es nicht verdient. Weihnachten sah traurig aus, doch jetzt ist es das beste Weihnachten, das ich je in meinem Leben hatte!

Ich möchte anderen ebenso helfen, wie ihr mir geholfen habt und wie Gott mir geholfen hat.
Versiegelt mit einem Gebet für Dich.

Deine Freundin
Diana Standish

Es gibt nicht nur Gelegenheiten, bei denen wir für Menschen im Geheimen beten sollen, wir müssen auch lernen, zu bestimmten Zeiten im Geist für Situationen zu beten, über die nur Gott Bescheid weiß. Meine Gebetserziehung ging weiter.

9

EIN ABENTEUERLICHER UMZUG

Nach drei Jahren in Pasadena wurde ich von einer unerklärlichen Ruhelosigkeit erfaßt. Was war los? Wir hatten es in Texas gut, die Mitglieder unserer Gemeinde waren voller Liebe und Freigebigkeit. Carls Dienst war gesegnet, die Mitgliederzahl hatte sich verdreifacht. Das Buch „Ich sah ein Stück der Ewigkeit“ war überraschend ein Bestseller geworden, ich wurde von einer Flut von Anfragen für Vorträge überschwemmt.

All das war ein Zeichen des Segens Gottes, und ich war dankbar dafür. Aber die Ruhelosigkeit blieb.

Was machte ich falsch? In meinen Gebeten erhielt ich keine klare Antwort. Offenbar hatte ich menschliche Fehler in verschiedener Hinsicht, aber sie schienen nicht der Grund für meine Unruhe zu sein.

Mittlerweile ertappte ich mich dabei, wie meine Gedanken oft zu meiner Kindheit im ländlichen Indiana zurückgingen. Der Obstgarten voller Äpfel an der Landstraße, das Bachufer bei Großmutter Burns, Waldpfade mit feuchtem Moos, an denen wilde Veilchen, Königskerzen, Löwenzahn und Waldanemonen wuchsen. Ich sehnte mich danach, wieder einmal wildwachsendes Gemüse bei Mutter Perkins zu pflücken, es selbst zu waschen, mit einem Schinkenknochen zu kochen und zu essen. Ich wünschte mir, an einem Fenster mit Blick auf einen klaren Himmel zu sitzen, anstatt auf Autobahnen zu blicken, die mit Tausenden von Fahrzeugen vollgestopft waren.

Vielleicht kann ich diese Sehnsucht durch Lesen stillen,

dachte ich. Ich las zehn Bücher hintereinander, aber meine Unzufriedenheit wuchs nur noch. Ich sehnte mich danach, die Auspuffdämpfe zahlloser Autos gegen einen Atemzug unverbrauchter, frischer Landluft einzutauschen, gegen den Geruch von Kuhdung und frisch gemähtem Heu auf dem Boden einer Scheune. Aber ich behielt meine Empfindungen und Sehnsüchte für mich. Mein Mann ist von Natur aus ruhelos, und ich wußte, meine Gefühle würden nur noch mehr Ruhelosigkeit in ihm auslösen. Er war zufriedener, als ich ihn je gesehen hatte. Deshalb entschloß ich mich, mir nichts anmerken zu lassen.

Eines Tages ging ich mit Carl und April zu einer Auktion. Wir kauften eine alte Schulglocke, einen kleinen, schwarzen, bauchigen Ofen, ein altes Waschbrett und eine Petroleumlampe, um unser Backsteinpfarrhaus mit ein paar Antiquitäten auszustatten. Ich freute mich über diese nostalgischen Akzente. Aber der Kauf hatte noch eine unerwartete Nebenwirkung. Er inspirierte Carl zu einer erfrischenden Botschaft: „Zurück zu den Grundlagen."

Zurück zur Bibel
Zurück zur Familienandacht
Zurück zur Gemeinde,
wie sie ursprünglich gemeint war
Zurück zur Fürsorge für einzelne Menschen

Als Text verwendete er Jeremia 6, 16: „Schauet und fraget nach den Wegen der Vorzeit, welches der gute Weg ist, und wandelt darin, so werdet ihr Ruhe finden für eure Seele!"

Meine Tochter Brenda schrieb, sie sei schwanger. „Bud und ich möchten unser Baby auf die altmodische Weise bekommen, durch eine natürliche Geburt. Ich habe häkeln gelernt, und so kann ich viele hübsche kleine Dinge häkeln. Vielleicht ist es der alte Hausfraueninstinkt, aber ich habe Äpfel zum Einmachen gekauft, und ich möchte Erdbeermarmelade kochen. Alle verheirateten Studenten hier kochen ein und backen Brot selbst. Ein Ehepaar benutzt sogar einen Holzofen. Einige praktizieren den natürlichen Anbau von Gemüse und verkaufen es. Ich habe Kerzen ziehen gelernt. P. S. Bud meint, ich soll euch schreiben, daß er das Brot bäckt. Ich werde mein Baby selbst stillen, gebe meine Arbeit in der Schule auf und werde mich ausschließlich meinem Kind widmen."

Ich schrieb Brenda zurück, ich hätte eine alte galvanisierte Badewanne gekauft, ähnlich der, in der ich als Kind gebadet wurde. Jeder schien alte Autos, alte Häuser, alte Möbel instandzusetzen. Es ist aufregend und spannend, aus alten Sachen Neues zu machen!

Als ich zum Flughafen in Houston fuhr, um eine Maschine nach Norfolk in Virginia zu nehmen, dachte ich an unsere Collies, die in einem Drahtzaun auf einem Platz von der Größe eines Bettlakens eingepfercht waren. Und an die Stute und ihr Fohlen, zu der wir zum Besuch und Training vier Meilen fahren mußten. Wenn sie doch frei herumlaufen könnten, ohne Gefahr zu laufen, überfahren zu werden! Ich sprach ein spontanes Gebet: „Herr, du mußt einen besseren Platz für uns haben als diesen hier. Wenn es so ist, bitte führe uns dorthin!"

Während der Wartezeit vor dem Fernsehinterview durch Pat Robertson hörte ich die Musik der Lowell Lundstrom-Familie. Ich erinnerte mich daran, daß sie aus Süd-Dakota stammten, und wieder überfiel mich Heimweh. Wie glücklich war ich doch in den vier Jahren gewesen, die ich mit Carl unter den „Flüsternden Kiefern" in Nord-Dakota verbracht hatte!

Während der Sendepause, direkt vor meinem Interview, berührte eine Hand meine Schulter. Es war Lowell Lundstrom: Autor, Prediger und Leiter des Instituts, das seinen Namen trug. „Sagen Sie Ihrem Mann, er soll mich anrufen, wenn Sie nach Hause kommen. Ich glaube, ich habe eine

Stellung, die ihn interessieren wird. Wir haben vor, ein wöchentliches TV-Programm zu machen. Ich brauche dringend jemanden, der mir dabei hilft. Carl wäre der richtige Mann dafür. Bitte, überreden Sie ihn, daß er zusagt. Sagen Sie ihm, es sei Zeit, die Großstadt zu verlassen und zurück in die Prärie zu ziehen!"

Er konnte keineswegs wissen, wie heimwehkrank ich war, und daß seine Worte wie Musik in meinen Ohren klangen. Doch ich bezweifelte, daß Carl genauso empfinden würde.

Aber Carl überraschte mich. Er war interessiert und gab seine Zustimmung, darüber zu beten. Sollte Süd-Dakota Gottes neuer Platz für uns sein?

Um das herauszufinden, schrieb ich einen Brief an die Zeitung in Sisseton, Süd-Dakota. Darin schrieb ich: „Bitte senden Sie mir Ihre Sonntagsausgabe einschließlich des Anzeigenteils, in dem Häuser zum Verkauf angeboten werden." Ich legte einen Dollar bei.

Die Antwort kam ein paar Tage später: „Liebe Frau Malz, unsere Zeitung erscheint nur donnerstags, einmal in der Woche. Ich schicke sie Ihnen heute. Ich glaube nicht, daß Häuser zu verkaufen sind. Die meisten Leute bieten sie im Winter nicht an. Peggy.

Ich schrieb zurück: „Liebe Peggy, bitte schauen Sie herum, ob es irgendwelche alten Bauernhäuser zu kaufen gibt. Ich bezahle Sie für Ihre Zeit."

Sie antwortete: „Das brauchen Sie nicht. Wir haben 3700 Einwohner. Jeder weiß, ob irgendwer sein Grundstück verkauft. Ich werde Ihnen mitteilen, wenn eins zu haben ist."

Eines Morgens tauchte Carl aus seinem Studierzimmer auf und sagte: „Weißt du, wenn wir ein Grundstück wie die »Flüsternde Kiefer« finden könnten, hätte ich nichts dagegen, diesen Umzug zu machen. April hat sich immer gewünscht, im Schnee spielen zu können. Ich sehe es gar nicht gern, daß unser jüngstes Kind in einer Großstadt aufwächst."

Er rief an, arrangierte eine Besprechung und flog nach Minneapolis, wo er mit Lowell Lundstrom zusammentraf und mit der Aussicht auf einen neuen Arbeitsplatz zurückkehrte. Ich war begeistert, voller Jubel und gleichzeitig voller Ehrfurcht vor Gott. Wenn der Herr etwas tut, tut er es gründlich und vollkommen!

Wir kamen zu der Überzeugung, daß ein Umzug über 1700 Meilen (etwa 2700 Kilometer) ein größeres Gebetsprojekt sein müsse. Aber auch ein Projekt, das Spaß machen sollte. Ich hatte ein Gefühl fröhlicher Erwartung: Wenn wir Gott in allen Punkten unseres Umzugs vertrauten, würde er uns eine freudige Überraschung nach der anderen geben.

Wir setzten uns mit April hin und sprachen über alle Dinge, die zu einem Umzug über weite Entfernungen gehören. Dann stellten wir eine Liste über die Dinge zusammen, die wir von Gott erbitten wollten:

> Laß uns ein Landhaus in Süd-Dakota finden.
> Gib einen guten Nachfolger für Carls Kirche in Texas.
> Gib uns das Geld, das wir für den Umzug brauchen.
> Hilf uns die richtige Ausrüstung zu finden,
> einschließlich Anhänger für die Pferde.
> Hilf den Tieren, daß sie nicht krank werden.
> Behüte unser Auto auf der Fahrt.
> Laß uns gesund bleiben.
> Gib uns gutes Wetter für die Reise.

Während ich die Liste überblickte, dachte ich: „Wenn wir nur ein Haus an einem See finden könnten." Ich brachte auch das in die Form eines Gebets, dann schob ich es aber zur Seite, da es mir zu viele Bitten schienen. „Du weißt, was am besten für uns ist, Herr", schloß ich.

Weil wir nur eine bescheidene Summe als Anzahlung für ein Haus hatten, riefen wir die Bank in Sisseton an. Der Bankpräsident war sehr hilfsbereit und meinte, es gäbe zwei geräumige Häuser in der Nähe der Arbeitsstelle meines Mannes, die zu kaufen seien, aber kein einziges Grundstück auf dem Lande. Er sagte, daß die meisten Farmen in der Gegend von Generation zu Generation weitervererbt würden.

Das war entmutigend. Wir beteten weiter um ein Grundstück, auf dem unsere Tiere frei herumlaufen und Carl, April und ich in der Natur sein könnten.

Am nächsten Morgen kam ein Anruf von dem Bankpräsidenten. Es gäbe ein Haus, 75 Jahre alt und total verwohnt, mit über 8 Hektar Land. Er war sich nicht sicher, ob die Eigentümer es verkaufen wollten, obwohl sie den größten Teil des Jahres in Texas wohnten. Das Haus würde viel Umbau- und Renovierungskosten verschlingen.

In der Post am nächsten Morgen war eine Werbebroschüre, die meine Aufmerksamkeit auf sich zog. Sie enthielt ein Bild von Will Rogers, dem bekannten Philosophen. Neben seinem Foto war das Zitat zu lesen: „Kaufe Land! Diese Ware wird nicht mehr hergestellt!“

Ich zeigte das Blatt meinem Mann. Da „klickte“ es bei uns. Wir würden Land kaufen, einen Garten haben, unsere eigenen Kühe und Schweine züchten. Es war uns egal, wie schlimm das Haus aussah, die 8 Hektar winkten.

Später am selben Tag rief nochmals der Bankier an. Die Eigentümer seien bereit, zu einem Preis zu verkaufen, den wir uns leisten könnten, aber sie könnten vor Mai nicht ausziehen. Das war eine optimale Lösung, denn April mußte ihr Schuljahr noch beenden.

Carl sagte ihm: „Wir nehmen es.“

„Ohne es zu sehen?“

„Ja“, antwortete Carl. „Wir möchten einen Platz auf dem Lande, und wenn es der einzige ist, der zu kriegen ist, dann muß es der sein, den Gott uns geben will.“

Ich bin sicher, der Bankier zweifelte an unserem Verstand.

„Ich möchte Sie nicht an eine Abmachung wie diese binden. Wir werden einfach warten, bis Sie kommen können", sagte er zu Carl.

„Meine Frau wird in ein paar Wochen kommen, um das Haus zu besichtigen", erwiderte Carl nach einer kurzen Beratung mit mir. „In der Zwischenzeit schicken wir Ihnen einen Scheck über 1000 Dollar als Sicherheit."

Als ich ankam, hatte die Temperatur seit 62 Tagen unter dem Gefrierpunkt gelegen. Der Schneefall hatte erst eine Stunde vor meinem Eintreffen aufgehört, und die Temperatur hatte es geschafft, auf 2 Grad Celsius zu klettern.

Die Straßen waren fast unpassierbar, daher zog ich Skihosen und eine dicke Jacke mit Kapuze an. Dann bestieg ich hinter dem Bankier den Motorschlitten zu meiner ersten Fahrt im Schnee!

Auf der Farm angekommen, drehte sich der Schlitten mit Schwung auf die Seite, ich fiel hinaus in eine Schneewehe, ließ die Kamera fallen, verlor einen Ohrring und beinahe einen Arm. Als ich den Schnee von meinen Augen abwischte, sah ich als erstes eine lange Reihe von Kiefern, die als Windschutz um das ganze Grundstück standen. Da wußte ich: das ist unsere neue Heimat, ein neues „Flüsternde Kiefern".

Man hatte uns nicht gesagt, daß es neben dem Haus zwei Scheunen, ein Hühnerhaus, eine Garage, ein altes Schulhaus, das aus einem Raum bestand und eine Blockhütte gab, in der die ersten Siedler gelebt hatten, als Dakota vor 100 Jahren erschlossen wurde.

Ich verliebte mich in alles: in die Bäume, den weiten, freien Himmel darüber, die Aussicht auf Sisseton aus den Vorderfenstern, die Obstgärten und die Hügellandschaft im Süden, den Skihang und die Wälder im Norden, das Sträßchen, die Fliederhecke, die im Frühling blühen würde, die Reihen von Weinstöcken, die uns mit Trauben versorgen würden.

„Vielleicht reißen Sie das alte Haus ab und bauen ein neues", schlug der Bankier vor.

Energisch schüttelte ich den Kopf. Ich hatte bisher in vier neuen Häusern gewohnt, und meist war ich eines jeden überdrüssig geworden. Dies würde unser Zufluchtsort sein. Ich wußte, auch meinem Mann würde es gefallen. April könnte mit dem Schlitten die Hügel hinunterrodeln, und für mich würde es ein besonders guter Platz zum Schreiben sein. Es war eine freudige Überraschung, daß es zwei Quellen auf dem Grundstück gab, die für Trinkwasser sorgten. Ich hatte genug von „Chlor" und anderen „Reinigungsmitteln".

Prüfend betrachtete ich die Treppe, die oberen Schlafzimmer und ein behagliches Zimmerchen, das mein Büro werden würde. Von hier würde ich auf den Obstgarten, den Bach und die Nebengebäude sehen. Vor dem Umzug könnte ich in Houston die Tapeten, die Stoffe und alles andere kaufen, das notwendig wäre, um unser ländliches Nest zu renovieren. Das einzige, das fehlte, um unseren Besitz zum Garten Eden zu machen, war ein See in der Nähe. Das wäre aber auch zuviel gewesen! Zufrieden flog ich nach Houston zurück. Die Leute von der Spedition kamen, besahen sich unsere Möbel und setzten den 1. Mai als Umzugstermin fest. Der Kostenvoranschlag lautete über 2300 Dollar, was bedeutete, daß wir unseren kleinen roten Volkswagen verkaufen mußten. Das war ein Schlag für Carl. Sein Käfer war ideal im Straßenverkehr, wenn nur kleine Parklücken vorhanden waren. Aber wir ließen ja die Stadt und das warme Klima hinter uns. Die Farmer in der Prärie von Süd-Dakota, die an zwei Jahreszeiten gewöhnt sind — Juli und Winter — würden sich amüsieren, wenn wir dort mit solch einem Knirps von Wagen ankämen. Die Schneewehen, die der Wind oft in einer Nacht zusammenblies, waren höher als unser kleiner Käfer.

Carl erinnerte sich an den Tag, als er seinen Käfer auf der Bank finanziert hatte. Eine der Sekretärinnen hatte ihn geneckt: „Wenn Ihr Wagen verschwunden ist, habe ich ihn gestohlen." Als Carl sie daraufhin ansprach, war sie sofort bereit, ihn zu kaufen. Sie ging hinunter zur Kreditabteilung und finanzierte ihn auf der Stelle. Wieder war ein Gebet erhört worden.

Nun brauchten wir ein wirtschaftliches, stabiles Fahrzeug, das einen Anhänger mit unseren zwei Pferden ziehen konnte. Ein guter Freund von uns, der nur um die Ecke wohnt, hatte uns einen Dodge Ramcharger angepriesen. Carl ging eines Tages zu ihm hinüber, um sich zu erkundigen.

„Warum willst du nicht gleich diesen hier kaufen?" fragte Larry. „Ich mache ihn gerade für den Verkauf fertig." Dabei hielt er ein Plakat hoch: „Zu verkaufen." Erst an jenem Tag hatte er sich entschlossen, ihn zu verkaufen. Wieder einmal sahen wir, wie genau Gottes Zeitplan auf unsere Bedürfnisse abgestimmt ist.

Als Carl an jenem Abend beim Essen das Tischgebet sprach, dankte er dem Herrn für eine weitere Antwort auf unsere Gebete. Dann sagte er: „Ich nehme eine beträchtliche Kürzung meines Einkommens in Kauf, um diesen Job anzunehmen, Herr. Doch ich spüre, daß du es willst. Wir vertrauen dir, daß du uns helfen wirst, unser Auskommen zu haben, daß du uns gesund erhältst und unsere Ausgaben verringerst, so daß wir dir mit Zuversicht und einem harmonischen Familienleben dienen können."

Als er Amen gesagt hatte, meldete sich April: „Mach dir keine Sorgen um mich, Papa. Jahrelang habe ich mir gewünscht, mit dem Schulbus fahren zu können, anstatt zu laufen. Es macht mehr Spaß, im Bus zu sitzen und sich mit Freundinnen zu unterhalten. Jetzt werden wir vier Meilen von der Stadt entfernt wohnen, und ich werde in dem Schulbus neue Freundinnen finden. Gott wußte, was ich mir wünschte."

In der Woche vor unserer Abreise kam mein erster Scheck über Lizenzen aus der Veröffentlichung meines ersten Buches. Er überstieg Carls Gehaltskürzung um 18 Dollar, umgerechnet auf das ganze Jahr. Manchmal bezahlt uns Gott im voraus!

Doch als ich die Vermietungsstelle anrief, um einen Transportanhänger für die Pferde zu mieten, erhielt ich eine böse Nachricht. Sie hatten keinen mehr auf Lager. Bei einem Händler fragte ich nach dem Preis eines neuen. Der billigste sollte 1600 Dollar kosten. Ein gebrauchter stand auch da, mußte aber dringend repariert werden und kostete 600 Dollar. Aber würde er bis Süd-Dakota halten? Ich bezweifelte es.

Wieder einmal waren wir ausschließlich vom Gebet abhängig. „Herr, diese Tiere sind wichtig für uns. Jetzt haben wir ein echtes Heim für sie. Nun zeig uns bitte, wie wir sie dorthin transportieren können!"

Wie er dieses Problem löste, war einfach wunderbar!

Ich wollte gerade unseren Hund zur Impfung zum Tierarzt bringen, als das Telefon läutete. Es war der Vorarbeiter in einer nahegelegenen Fabrik. „Frau Malz, ich hörte, Sie wollten einen Pferdetransporter mieten. Ich habe hier einen neuen Mann, der gerade von Süd-Dakota hergezogen ist. Der könnte Ihnen vielleicht helfen."

Nach einer kurzen Pause sprach dann eine andere Stimme weiter. „Mein Name ist Eldon Bessler. Ich hörte, Sie benötigen einen Pferdetransporter, um Ihre Tiere nach Süd-Dakota zu schaffen. Wir benutzten unseren, um einen Teil unserer Möbel hierher zu kriegen. Wir wollen im Juni zurück, um unsere Pferde nachzuholen, haben aber Bedenken, einen leeren Anhänger über diese weite Strecke zu ziehen."

Aufgeregt sagte ich ihm, wir würden gut darauf achtgeben und alle Kosten übernehmen.

„Ich möchte erst mit meiner Frau darüber sprechen", sagte er unsicher. „Vielleicht ist das Ganze doch nicht so einfach durchzuführen."

Ich gab ihm unsere Adresse und hängt ein, wobei ich mir überlegte, wie ich Herrn Bessler wohl von unserer Zuverlässigkeit überzeugen konnte.

Während der Tierarzt unserem Collie die Spritze gab, erzählte ich ihm von unserem Haus in Süd-Dakota.

Eine junge Frau kam aus dem Labor herein. ,,Ich möchte Ihnen meine neue Assistentin vorstellen'', sagte der Arzt. ,,Sie hat gestern erst angefangen. Kathi, dies ist Frau Malz.''

Wir gaben uns die Hand. ,,Ich hörte, wie sie Süd-Dakota erwähnten. Da komme ich her'', sagte Kathi.

,,Das ist seltsam'', murmelte ich. ,,Ich habe gerade mit einem Mann gesprochen, der auch aus Süd-Dakota ist. Er ist ebenfalls neu hier. Ich sollte Sie beide miteinander bekanntmachen.''

Sie bedankte sich bei mir und sagte, sie würde sich darüber freuen, weil sie und ihr Mann schon Heimweh hätten.

Später am Abend klingelte das Telefon. ,,Hier ist Eldon Bessler nochmal. Meine Frau traf Sie heute beim Tierarzt. Sie sagt, Sie seien in Ordnung. Sie können unseren Trailer umsonst benutzen. Sie tun uns damit einen Gefallen. Es ist kostspielig, einen leeren Trailer so weit hinter sich herzuschleppen. Holen Sie ihn ab, wenn Sie fertig sind zur Abreise. Dann werden wir die Einzelheiten besprechen.''

Ein Zufall, werden die meisten sagen. Nennen Sie es, wie Sie wollen, doch ich weiß, daß Gott in allen Dingen am Werk ist. Wer mit Gott umzieht, für den wird er aktiv.

Trotzdem waren wir besorgt wegen der Ausgaben. Die Kosten von 2300 Dollar für den Möbelwagen, das Fahren mit zwei Autos, dazu Essen und Motels — es summierte sich ganz schön.

Zu der Zeit fuhr ich einen alten Ford. Ich dachte, es sei am besten, ihn zu verkaufen, anstatt damit umzuziehen, bis Carl darauf hinwies, daß er einen äußerst günstigen Benzinverbrauch hatte. Und die Einsparung konnten wir gut gebrauchen. Dann tauchte ein anderes Problem auf. Wir hatten an dem Dodge eine Anhängerkupplung für den Pferdeanhänger, erfuhren aber, daß es unmöglich sei, eine Verbindungsstange zu finden, um einen 1962er Ford hinter unseren Oldsmobile zu hängen. Was sollten wir tun? Wir hatten vor, den Ford mit all unseren Palmen, Bananenbäumen und

Pflanzen zu beladen, und Carl wollte ihn hinter dem Oldsmobile herziehen. Anrufe bei Händlern brachten kein Ergebnis. Einer machte den Vorschlag, ich sollte einen Schweißer holen, um eine Stange anfertigen zu lassen. Die Zeit wäre zu kurz, wurde mir in einem Eisenwarengeschäft gesagt.

Als ich das Geschäft verließ, begegnete ich einer Dame, die eben das Geschäft betrat. Auf der Rückfahrt nach Hause betete ich: „Herr, wo gibt es eine Abschleppstange, um meinen Wagen anzuhängen. Du weißt alles. Bitte hilf uns, eine zu finden."

Das Telefon klingelte gerade, als ich zur Tür hereinkam. Es war die Dame, die mir in dem Geschäft begegnet war. Sie hatte angehalten, um sich zu erkundigen, wem der alte Ford gehörte, weil sie das gleiche Uralt-Modell fuhr. Sie wissen schon, was jetzt kommt. „Zufällig" hatte sie eine Verbindungsstange und wollte sie uns für die Reise ausleihen, vorausgesetzt, wir würden sie per Bahnfracht zurückschicken. Aber eine Bezahlung für die Benutzung wollte sie nicht annehmen.

Noch ein Hindernis war zu nehmen. Die Gemeindeältesten hatten viele Bewerbungen für das Pastorat von Carl bekommen, doch sie hatten Schwierigkeiten, den richtigen Mann zu finden. Eines Morgens, als April zur Schule gegangen war und ich mit Carl am Tisch saß, beteten wir: „Herr, wir können hier nicht fort, solange wir nicht wissen, daß unsere Gemeinde einen Mann gewählt hat, mit dem sie zufrieden sein wird. Bitte hilf uns, daß der rechte Nachfolger gefunden wird."

An jenem Tag fuhr ich etwas später nach Hause, nachdem ich unsere beiden Pferde gefüttert hatte. Ich brauchte noch einen Kohlkopf zum Mittagessen. Im Supermarkt fiel mir das Sonderangebot des Tages auf: vier Packungen Karotten für 1 Dollar. Ich achte sonst nie auf die Schildchen, auf denen steht, woher das Gemüse stammt. Aber diesmal las ich es: „Apopka, Florida".

Eine Idee durchzuckte mich. Gary Chapin, der Pastor, der mir so tatkräftig zur Seite gestanden hatte, als John gestorben war, hatte jetzt eine Gemeinde in Apopka. Er war es, der die Predigt über Selbstmitleid gehalten hatte, die mich nach der trüben Nacht, als ich so lange im kalten Badewasser gesessen hatte, aus meiner Depression herausholte.

Ich eilte nach Hause, um mit Carl zu sprechen. Wäre Gary nicht der richtige Mann für unsere wachsende Gemeinde mit all ihren missionarischen Möglichkeiten? Carl war derselben Meinung. Auch Gary Chapin war begeistert. Er war ein guter Prediger, hatte eine liebenswürdige Frau und kleinere Kinder. Er war unermüdlich im Dienst. Sein Motto lautete: ,,Noch mehr geben.'' Die Menschen hier würden ihn lieben, und ich glaubte, er würde Texas lieben.

Carl konnte nur in ehrfurchtsvollem Staunen den Kopf schütteln. Kein Wunder, daß der Kirchenvorstand den richtigen Mann nicht finden konnte! Es war Gary! Wir waren die Werkzeuge, die Gott gebrauchen wollte, um alles in die Wege zu leiten.

Carl empfahl Gary den Ältesten. Sie baten ihn, zu kommen und sich zu bewerben. Er wurde gewählt und Gary sagte zu. Heute lieben die Gemeindeglieder die ganze Chapin-Familie, und die Gemeinde wächst weiter in die Breite und in die Tiefe. Was für ein Abenteuer wird das Leben, wenn man dem Herrn vertraut!

Umzugstag! Die Stute war seit zwei Jahren in keinem Pferdetransporter mehr gefahren, und das Fohlen überhaupt noch nicht. Es kostete einen heftigen Kampf, beide hineinzubekommen. Wir kamen überein, daß Carl zurückbleiben sollte, um die Verladung der Möbel zu überwachen und alle geschäftlichen Dinge abzuschließen. Er würde dann den Oldsmobile fahren und den beladenen Ford hinterherziehen. April und ich starteten zuerst mit dem Dodge, der den Pferdetransporter hinter sich herzog. Die beiden Hunde und die Katze fanden einen Platz im Fahrgastraum.

In vier Tagen nur 1700 Meilen zu fahren, ist sicherlich nicht viel, aber wir hatten keine andere Wahl. Alle drei Stunden mußten wir eine Pause für die Tiere einlegen, hauptsächlich für die Stute und ihr Fohlen.

April und ich begannen und beendeten jeden Tag mit Gebet. Wir baten Gott, uns zu helfen, unterwegs Bauernhäuser mit sauberen Scheunen für jede der vier Nächte zu finden. Und an jedem Tag, gerade zur rechten Zeit, führte uns Gott zu einem Haus mit freundlichen, gastfreien Menschen. Sooft als möglich stiegen wir aus und streichelten unsere Tiere, rieben ihnen die Nase, sprachen ihnen freundlich zu, und sie reagierten so ergreifend, wie nur Tiere es tun.

In der Abenddämmerung kamen wir mit unserem „Zoo“ auf der Farm in unserer neuen Heimat an. Die Sonne ging rot und golden hinter einigen entfernten Hügeln unter. Die Pferde verließen ihren engen Käfig, prüften vorsichtig den Boden und machten dann auf der weichen, braunen Erde ein paar tänzelnde Schritte. Wir hatten es ohne Unfall geschafft! „Danke, Herr!“

Doch es gab nichts zu essen, keine Betten, keine Möbel, nur die Decken im Wagen, um darauf zu schlafen. Alle Tiere mußten in der Garage untergebracht werden, weil es noch keine Umzäunung gab. Noch am gleichen Abend kam eine Nachbarin mit frischgebackenem Kuchen, um uns zu begrüßen. Wie gut das tat, welch eine Ermutigung! Wir würden uns hier bestimmt wohlfühlen.

Am nächsten Morgen liefen wir alle, einschließlich der Tiere, umher wie ein Haufen Verrückter und betrachteten die Schönheit der Landschaft. Es gab Wiesenblumen, hohe Bäume, Obstbäume und fruchtbares Ackerland. Das einzige, was fehlte, war ein See. Der nächste war 13 Meilen (etwa 20 Kilometer) entfernt.

Carl kam 26 Stunden nach uns an. Dann begann die Arbeit, aus dem alten Haus ein Heim zu machen. Drei Wochen vergingen. Wir waren zu beschäftigt, um viele unserer Nachbarn kennenzulernen. Die Möbel waren angekommen und aufgestellt worden. Ich hatte vier Zimmer in fünf Tagen tapeziert, während Carl die Zäune hochgezogen hatte. In jeder freien Minute gab es etwas zu streichen.

Inmitten des Durcheinanders lastete ein Problem schwer auf uns. Wir hörten ständig schwere Maschinen, die den ganzen Tag an unserer Grundstücksgrenze Lärm machten. Ich sah nur einmal hin und war entsetzt: Bulldozer planierten das angrenzende Grundstück! Sollte das Land für eine Siedlung erschlossen werden? Carl war enttäuscht. „Dann hätten wir ja ebensogut ein Grundstück in der Stadt kaufen können, wenn die Stadt zu uns kommt“, grollte er.

Eines Tages fuhr ein Wagen in den Hof, an der Fliederhecke und am Obstgarten vorbei, bis vor unsere Haustür. Heraus sprang ein gut aussehendes Ehepaar mit zwei Kindern, einem Jungen und einem Mädchen. Sie stellten sich als unsere nächsten Nachbarn vor, Dr. Anderson mit Frau und Kindern.

„Bitte kommen Sie mit uns“, drängten sie. „Sie werden etwas ganz Besonderes zu sehen bekommen.“

Wir sahen so verdutzt aus, daß die Andersons lachten. „Sie waren zu beschäftigt, um zu sehen, was direkt neben Ihnen passiert ist. Es ist einfach wunderbar.“

Wir folgten ihnen ins Freie, stiegen in ihren Wagen und fuhren nur ein paar Meter, als wir es schon sahen. Direkt neben unserem Grundstück war ein glitzernder, wunderschöner neuer See entstanden!

Die Andersons hatten Bulldozer kommen lassen, um einen Damm an der Stelle aufzuschütten, wo zwei Bäche zusammenflossen. Sie bildeten nun einen See, der bereits ein Gebiet von zweieinhalb Hektar bedeckte, in der Mitte mehr als 5 Meter tief.

„Die Forellen, die wir bestellt haben, werden diese Woche noch ankommen“, erklärten sie stolz.

In unserem Kopf drehte sich alles. Als die Sonne unterging, sahen wir, wie sich Gras, Hundeblumen und Rotdornblüten in dem glitzernden Wasser des Sees spiegelten. Weiden umrahmten das Bild. Was für ein atemberaubender Anblick! Unser Herz jubelte, als wir das großzügige Angebot unserer neuen Freunde und Nachbarn hörten: „Er ist bestimmt groß genug für uns alle. Sie dürfen ihn gern benutzen. Freuen Sie sich daran!"

Während ich über dieses unglaubliche Wunder nachdachte, kam mir ein Vers aus der Bibel in den Sinn: „Habe deine Lust am Herrn, und er wird dir geben, was dein Herz wünscht" (Psalm 37, 4).

10

ZWIEGESPRÄCH MIT GOTT

Mein Abenteuer mit dem Gebet dauerte nun schon 14 Jahre. Sechs Jahre davon hatte ich damit zugebracht, meinen Mann „herbeizubeten“. Dann kam die Zeitspanne von 4 Jahren, während der die Familie sich anpaßte und Carl Mitarbeiter am Trinity College in Nord-Dakota war. Den Wendepunkt markierte unsere Entdeckung, daß das Hauptgewicht unserer Gebete auf den Nöten anderer liegen sollte. Das Ergebnis war, zu unserer Überraschung, daß wir durch diese Gebete mehr gesegnet wurden. Und sie waren eine Vorbereitung für die drei folgenden Jahre des Dienstes in Texas.

In diesen 14 Jahren lernten wir viel über das Gebet, daß der Herr in den kleinen Dingen des Lebens genauso wirkt, wie in den großen; über die Macht des Namens Jesu, über die Notwendigkeit, bei gewissen, gefährlichen Gebeten vorsichtig zu sein, und über die besondere Kraft, die in der geheimen Fürbitte liegt.

Zu jedem Gebet gehört selbstverständlich das Zwiegespräch. Das Gebet soll keine Einbahnstraße, kein Monolog sein. Ich stellte fest, daß ich im allgemeinen zuviel redete, zu selten auf Gott hörte und vergaß, daß die Hälfte der Unterhaltung der anderen Person gehört. Das war in meinen Gesprächen mit Menschen ebenso wie in meinen Gesprächen mit Gott. Ich fühlte mich schuldig, weil ich meine Zunge nicht beherrschte.

Deshalb suchte ich immer seltener den Rat von Menschen und ging immer häufiger zu der Quelle aller Weisheit.

„Herr, ich bin schwach und ohne Erkenntnis. Wenn du

heute noch zu Menschen sprichst, bitte sprich auch zu mir!" Mit diesem Gebet begann für mich jeder Tag. Jeden Morgen um 6.20 Uhr klingelt der Wecker. Bevor ich meine Augen öffne oder die Bettdecke zurückschlage, um aufzustehen, bete ich: „Herr, ich danke dir für mein Leben und diesen frischen, neuen Morgen. Gib mir Stärke und Gesundheit für heute. Hilf mir, den Menschen zu begegnen, die du mir in den Weg führst, und denen zuzuhören, mit denen ich nach deinem Willen sprechen soll. Zeige mir, wie ich ihnen helfen kann, oder laß mich wissen, wenn ich etwas empfangen soll, was sie zu geben haben. Mache mich fähig, meinem Mann und den Kindern heute eine Hilfe und ein Segen zu sein. Amen."

Dann greife ich nach einem Notizblock, der neben meinem Bett liegt und warte darauf, zu hören, was Gott mir sagen möchte. Gott weiß, daß ich ihm jeden Morgen begegnen will, und er hat es nie versäumt, seine Verabredung mit mir einzuhalten. Ich spüre gerade morgens seine Kraft wie einen warmen Sonnenstrahl. Die Gedanken, die mir kommen, sind meine „Marschbefehle" für den Tag.

Um 7.45 Uhr hat unsere Familie ihre gemeinsame Verabredung mit dem Herrn. Wir haben dann alle schon gefrühstückt, und April sitzt am Tisch und wartet auf den Schulbus. Sie liest noch eine kurze Andacht, und dann spricht Carl oder ich ein kurzes Gebet: „Herr, hilf April, eine gute Schülerin zu sein, die ordentlich lernt. Bewahre sie vor Krankheit. Wenn sie in Versuchung kommt, Unrecht zu tun, gib ihr deine Kraft, der Versuchung zu widerstehen und nein zu sagen. Sie soll den anderen Schülern eine gute Kameradin sein, mit ihren Lehrern zusammenarbeiten, und allen, die bedrückt sind, Mut zusprechen."

Wenn der Schulbus abgefahren ist, trete ich noch einmal vor den Herrn. Dann geht das Zwiegespräch, das unsere eigenen Bedürfnisse und die Nöte anderer betrifft, in die Tiefe. Ich habe eine entsprechende Gebetsliste bei mir, in der ich die

Gebetsanliegen der vergangenen 24 Stunden gesammelt habe. Wenn ich meine Bitten vorgebracht habe, mache ich eine Pause und warte mit meinem Notizblock auf meinem Schoß. Sobald ich verspüre, daß Gott mir gewisse Gedanken gibt, schreibe ich sie voller Freude und Begeisterung auf, weil er mir wieder begegnet ist.

Das Wissen, daß er mir nahe ist und zu mir spricht, ist kein unheimliches Gefühl. Er redet ruhig, freundlich und verständnisvoll. Aber es ist nicht nur Sanftheit in seinen Worten, sondern auch stählerne Festigkeit. Sie enthalten nicht immer das, was ich hören möchte; manchmal sind es Korrekturen für unrechte Gedanken und Handlungen.

Die Bibel fordert uns auf: „Betet ohne Unterlaß." Ich versuche das zu tun, indem ich das Zwiegespräch mit Gott durch den Rest des Tages hindurch fortsetze. Warum auch nicht? Er ist mein bester Freund. Ich zögere doch auch nicht, mich laufend mit Freunden zu unterhalten, während ich einkaufe, Tennis spiele oder esse.

Mein Gespräch mit ihm kann am Spültisch beginnen, wenn ich das Frühstücksgeschirr spüle. Fortsetzung erfolgt bei der Fahrt in die Stadt, wenn ich Besorgungen mache. Das Gespräch wird unterbrochen, während ich an meinem Manuskript arbeite, doch hin und wieder mache ich dann eine Pause und frage Ihn nach dem rechten Wort oder danke Ihm für einen neuen Gedanken. Ich suche seinen Rat, bevor ich einen wichtigen Anruf tätige, oder wenn ich bei einer Freundin, die ich gerade besuchen will, an die Tür klopfe.

Wenn ich unbeschwert bin, danke ich Gott für seine vielen Segnungen; wenn ich niedergeschlagen bin, neige ich dazu, mich zu beklagen. Bin ich aus der Fassung, bitte ich um besondere Hilfe. Immer versuche ich offen und ehrlich zu sein. Ich spüre, daß Gott Heuchelei mehr als alles andere haßt. Ich habe drei Notizblöcke bei mir zu Hause. Einer liegt auf meinem Schreibtisch, einer an meinem Bett und einer in der Küche zwischen Herd und Kühlschrank. Häufig wache ich nachts plötzlich auf, ohne einen ersichtlichen Grund. Zuerst war ich meist verärgert, wenn mein tiefer Schlaf oder ein schöner Traum unterbrochen wurde. Doch dann kam ich zu der Erkenntnis, daß es ein „Stupser" von Gott sein könnte. Wenn er mich weckt, wünscht er meine Aufmerksamkeit. Darum habe ich den Notizblock an meinem Bett. Über die Jahre hin habe ich viele wichtige Hinweise mitten in der Nacht bekommen. Einige habe ich in Büchern oder Artikeln, die ich für Zeitschriften schreibe, oder in Briefen an Menschen mit speziellen Problemen verwendet. Oder ich habe sie auch nur für mich persönlich umgesetzt.

Im allgemeinen schlafe ich tief, neun Stunden jede Nacht. Wenn Gott mich weckt, geschieht es oft deshalb, weil ich tags zuvor zu beschäftigt gewesen bin, um zu Ihm zu reden und auf Ihn zu hören. Er weckt mich auf verschiedene Art. Manchmal meine ich, ein Klopfen an der Tür zu hören, und wache davon auf. Doch es klopft niemand. Gott klopft an die Tür meines Herzens. Oder ich erwache und meine, das Telefon hätte geläutet. Wenn ich den Hörer abnehme, ist niemand am anderen Ende. Gelegentlich höre ich Brendas Stimme rufen, aber Brenda wohnt 1000 Meilen entfernt in Missouri. Wieder einmal sucht der Herr meine Aufmerksamkeit, indem er persönliche Dinge benutzt. Niemand sonst in der Familie hört diese „Laute", also sind es ganz klar für mich bestimmte „Stupser".

Eines Nachts erwachte ich, weil ich das Telefon hörte. Ich wartete. Tiefes Schweigen im Haus. Dann spürte ich die Gegenwart des Herrn. Ich hörte keine Stimme, hatte aber das Gefühl, er erinnere mich an etwas. Ich knipste das Licht an meinem Bett an, griff zum Notizblock und einem Stift. Dann schrieb ich ein Wort: „Marcia."

Verärgert machte ich das Licht aus und versuchte, wieder einzuschlafen. Ich wollte nicht an Marcia denken. Das ganze unangenehme Ereignis, das mit ihr zusammenhing, hatte sich vor acht Jahren ereignet.

Doch Gott ließ es nicht zu, daß ich sie abwimmelte. „Du mußt dich bei ihr entschuldigen", sagte er mir.

Ich brauste auf: „Sie aber auch bei mir!"

Dann kam der Gedanke: „Was ich für dich tat, kannst du für Marcia tun." Es war ein scharfer Verweis, und meine Schuld lag offen zutage. Aber ich wich aus, wollte in dieser Sache nichts unternehmen.

Die Episode mit Marcia passierte in der Zeit, bevor ich Carl begegnete. Marcia hatte eine wunderschöne Sopranstimme. Ich begleitete sie oft am Klavier oder der Orgel, wenn sie in Clubs, bei Essen oder in der Kirche sang. Eines Tages vertraute sie mir an, daß sie ein Verhältnis mit einem jungen Mann, einem ihrer Kollegen habe.

Ich bekam plötzlich eine ungeheure Wut auf sie. Sie hatte einen guten Mann, vier Kinder und ein entzückendes Heim. Wie undankbar war sie! Mein John war tot, ich lebte allein und mußte feststellen, wie wenig akzeptable ledige Männer es gab. Einer dieser wenigen Männer war der, in den sie vernarrt war! Er war auch ein Mann, mit dem ich mich gern verabredet hätte.

Ich sagte Marcia, ich würde ihr Geheimnis nie verraten, aber meine Sympathie ging von ihr auf ihren Mann über. Ich las ihr Abschnitte aus der Bibel vor, aus denen hervorging, wie nahe sie sich an der gefährlichen Grenzlinie zur Versuchung befand. Ich betete mit ihr, und sie wurde von ihrer Schuld überwältigt.

Ihr Mann rief mich eines Tages von seinem Arbeitsplatz aus an. „Betty, ich muß heute für ein paar Tage wegfahren. Willst du Marcia besuchen? Sage ihr nicht, daß ich dich angerufen habe. Sie ist so krank und depressiv. Sie hat Vertrauen zu dir, und ich glaube, du kannst ihr helfen und herausfinden, was sie quält."

Ich versprach es und ging hin. Aber ich glaube nicht, daß es sehr hilfreich war. Ein paar Abende später ging ich mit dem jungen Mann aus, von dem Marcia so hingerissen war.

Er war ganz durcheinander. Marcia hatte ihm ihre Liebe gestanden und erklärt, sie würde ihre vier Kinder und ihren Mann verlassen, wenn er mit ihr gehen würde. Aber er wollte damit nichts zu tun haben und fragte mich, was er tun solle.

Ich redete ihm zu auszusteigen, und er versprach mir, sie nicht mehr zu treffen.

Als Marcia erfuhr, daß ihr Schwarm sich mit mir getroffen hatte, nachdem er sie abgewiesen hatte, wurde sie wütend. Unsere Freundschaft war schlagartig beendet. Marcia begann sogar Gerüchte über mich in Umlauf zu setzen, ich hätte unmoralische Beziehungen zu Männern — nichts als Lügen.

Als Marcias Mann mich eines Tages um einen Rat fragte, spürte ich, daß Gott mir den Finger auf meine Lippen legte, der mir Einhalt gebot. Und er erinnerte mich an eines der Lieblingszitate meines Vaters: „Leide, ohne zu klagen; wenn andere dich mißverstehen, rechtfertige dich nicht!“

Doch ich gehorchte Gottes Stimme nicht und sagte zu Marcias Mann: „Wenn ich du wäre, würde ich Marcia aus ihrem Job herausholen und zwar schnell. Einige Männer finden sie höchst attraktiv. Stelle mir keine weiteren Fragen!“

Kaum hatte ich den Satz gesagt, wußte ich, daß ich einen Fehler begangen hatte. Ihr Mann zwang Marcia, mit ihrer Arbeit aufzuhören, und sie haßte mich von diesem Moment an.

Jahre vergingen. Jedesmal, wenn ich eine Predigt über Wiedergutmachung hörte, hatte ich Schuldgefühle. Aber jedesmal rechtfertigte ich mich vor Gott mit der Ausrede wie: „Marcia hat Lügen über mich verbreitet.“

„Du sollst ihr vergeben.“

„Aber sie war doch bereits im Begriff, unmoralisch zu handeln.“

„Das geht dich nichts an. Das ist ein Problem, das sie mit mir ausmachen muß.“

„Aber ich habe sie jahrelang nicht gesehen.“

„Du kannst einen Weg finden. Denke daran, ich habe dir dein Leben zurückgegeben. Du hast viel empfangen, also erwarte ich auch viel von dir.“

Ich steckte diese Rüge ein, versuchte aber weiterhin, mit dem Verstand zu argumentieren. „Herr, sie wohnt 1700 Meilen (etwa 2700 Kilometer) von hier entfernt. Wenn ich je in die Nähe ihres Wohnortes komme, werde ich zu ihr hingehen und sie um Verzeihung bitten.“

Schweigen trat ein, und ich verspürte Erleichterung. Vielleicht wollte Gott nur herausfinden, ob ich wirklich gewillt war, mich mit Marcia zu versöhnen.

Doch in der Folgezeit schien Gott weit entfernt zu sein. Ich geriet geistlich ins Schwimmen. Carl, April und ich waren gerade unterwegs auf einer Ferienreise, weit weg von zu Hause. Eines Abends hielten wir an einem Selbstbedienungs-Restaurant an. Während wir in einer langen Reihe warteten, schaute ich um und hielt den Atem an. Marcia und ihr Mann standen am Ende derselben Schlange!

Ich drehte mich schnell in die andere Richtung. Sie hatten mich nicht gesehen. Da die Reihe so lang war und es vier Bereiche gab, in denen man essen konnte, bestand die Möglichkeit, davonzukommen, ohne von ihnen entdeckt zu werden.

Aber sofort hörte ich die Aufforderung Gottes. „Jetzt ist es Zeit.“

Es gab keine Flucht und kein Verschleiern mehr, wenn ich weiterhin eine Beziehung zu meinem Herrn haben wollte.

Ich flüsterte April zu: „Sag Papa, ich gehe zur Toilette.“ Dort studierte ich mein Gesicht im Spiegel, holte mehrmals tief Luft und bat Gott um das rechte Verhalten und die richtigen Worte.

Als ich zurückkam und plötzlich vor ihnen stand, war Marcia mehr erschrocken als ich. Ich sagte kein Wort, nicht einmal „hallo“. Ich legte einfach meine Arme um sie.

„Vergib mir“, flüsterte sie mit Tränen in den Augen.

„Vergib du mir“, erwiderte ich.

Es geschah so schnell, so ruhig und doch so gründlich. Ihren Mann begrüßte ich wie einen alten guten Freund.

Ich stellte ihnen Carl vor. Wir saßen alle zusammen und sprachen über den „tollen Zufall“ unserer Begegnung. Marcia und ich wußten es besser.

Während der folgenden Monate erlebten Carl und ich eine lange Kette wunderbarer Gebetserhörungen. Der Schlüssel dafür, davon bin ich überzeugt, lag in dem Akt der Versöhnung. Er konnte stattfinden, weil ich erstens zu einem regelmäßigen Zwiegespräch mit Gott bereit war, und zweitens den Weisungen, die er mir gab, letztlich doch gehorchte.

Meistens habe ich morgens beim Erwachen dem Herrn viele Probleme mitzuteilen und gezielte Bitten zu unterbreiten. Aber es gibt auch Zeiten, in denen ich mich geradezu abenteuerlustig fühle.

Mit geschlossenen Augen bitte ich dann: „Herr, schicke mich zu jemandem, dem ich etwas geben kann.“ Wenn ich so bete, stelle ich mir einen großen leeren Fernsehschirm vor. Dann warte ich darauf, daß der Herr ein Gesicht aufblitzen läßt.

Eines Morgens hatte ich meinen „Empfänger“ gerade eingestellt, als ich auf dem Schirm das Gesicht von Doris Ferrend sah, einer jungen Frau, die unsere Nachbarin gewesen war, als wir 1961 in Terre Haute gewohnt hatten. Seitdem hatte ich sie nicht mehr gesehen.

Ich folgte diesem Wink und schrieb kurz an Doris’ alte Adresse. Der Brief wurde ihr nachgeschickt. Als Doris zurückschrieb, sie hätte drei Kinder und wäre an Krebs erkrankt, begann ich für sie zu beten. Dann erfuhr ich von einer Freundin, es gäbe ein neues Mittel gegen Krebs, das ein prominenter Arzt am Ort gerade angewandt habe. Schnell schickte ich diese Information an Doris und ihren Arzt weiter.

Und das Ergebnis? Ich weiß es nicht. Meine Rolle bestand darin, aufmerksam zu sein und in dieser einen Situation zu vermitteln. Die Folgen sind Gottes Sache. Ich weiß, wenn ich den Dialog mit ihm suche, muß ich seinen Anweisungen folgen, ganz gleich, wie befremdlich sie mir zu sein scheinen.

Wenn wir ein Zwiegespräch mit dem Herrn suchen, antwortet er manchmal nicht auf der Stelle, sondern später, etwa durch einen Traum. So geschah es im Fall unseres Freundes Ted, der zwei Jahre lang unter Beinkrämpfen und Zahnschmerzen auf einer Seite seines Mundes gelitten hatte. Ein Zahnarzt untersuchte ihn, fand aber nicht die Ursache. Tabletten halfen nicht. Der stumpfe, stärker werdende Schmerz ließ ihn weder schlafen noch essen.

In einer Nacht schrie Ted laut vor Schmerz: „O Gott, sag mir, wo die Ursache liegt! Wenn du es mir nicht sagen kannst, sprich zu jemand anderem!“

Es kam keine Antwort, und Ted schlief ein. Er träumte, er ginge in die Küche und öffnete die Tür zum Kühlschrank. Da war nur ein Gegenstand drin — eine riesige Tüte mit Milch.

Als Ted erwachte, konnte er nur an die Packung mit Milch denken. Er ging hinunter und trank ein Glas Milch, dann ging er wieder zu Bett und schlief gut.

Am nächsten Morgen verlangte er wieder nach Milch. Ted trank weiter Mengen von Milch, 2 Liter pro Tag. „Ich muß verrückt sein“, dachte er. „Wozu sollte ich mit 29 Jahren Milch brauchen?“

Er sprach mit niemandem darüber, trank aber weiter große Mengen Milch — wochenlang. Dann stellte er eines Tages fest, daß die Beinkrämpfe völlig verschwunden waren und seine Zähne nicht mehr weh taten.

Eine Untersuchung durch einen Knochenspezialisten förderte die aufschlußreiche Tatsache zutage: Seine Mutter hatte unter schrecklicher Übelkeit gelitten, als sie mit Ted schwanger war und konnte kaum etwas bei sich behalten. Wegen ihrer großen Armut und weil sie sich nicht richtig ernährte, konnte sie Ted nicht stillen, hatte aber auch kein Geld, genug Milch zu kaufen. Als Folge davon litt Ted an Kalziummangel. Gott kannte natürlich das Problem und gab Ted die Antwort, als er darum bat.

Gott zwingt uns seinen Willen nicht auf, doch wenn wir seiner Leitung nicht folgen, laufen die Dinge in unserem Leben gewöhnlich falsch. Ende des Sommers 1978 erhielt ich eine Einladung, eine Fernsehtournee mit fünf Auftritten in fünf Städten zu machen. Ich war körperlich erschöpft nach dem langen Umzug von Texas und den anstrengenden Renovierungsarbeiten in unserem alten Haus.

In meinem kleinen Büro kniete ich nieder und betete: „Herr, sage mir, ob ich diese Tournee machen soll." Es kam keine unmittelbare Antwort, kein Gedanke, der mir in den Sinn kam, doch spürte ich eine leichte Besorgnis. Dann zeigte mir Gott, daß er aus seinem Wort zu mir sprechen wollte. Ich wurde zum 23. Psalm und dem Satz: „Er erquickt meine Seele", geführt. Als ich diese Worte las, fühlte ich seine zärtliche Liebe. Er wußte, daß ich völlig fertig war und eine Kräftigung an Leib, Seele und Geist nötig hatte.

Ich schloß die Augen und sah einen Lebensmittelladen, der völlig leer war, mit nur einem Lagerarbeiter im Hintergrund. In den ruhigen Stunden, wenn wenig los war und keine Kunden kamen, füllte dieser Junge die Regale des Ladens wieder auf. Gott gab mir den Hinweis, ich sollte in der Einsamkeit Süd-Dakotas bleiben, damit er meine Regale mit neuen Ideen und neuer Vitalität ergänzen könnte. Ich entschloß mich, die Einladung nicht anzunehmen.

Aber eine gute Freundin, deren Meinung ich respektierte, meinte, ich sollte es doch tun. „Fernsehen hat großen Öffentlichkeitswert. Es wird für dein Buch eine ganz besondere Werbung sein. Wir werden alle so stolz auf dich sein." Eitelkeit und Materialismus behielten die Oberhand. Ich nahm an.

Als ich in Pittsburgh zum ersten Auftritt ankam, hatte

ich eine Halsentzündung und war heiser. Ich fühlte mich beim Erzählen meiner Geschichte ziemlich unter Druck und gab eine äußerst schwache Vorstellung.

Zurück in meinem Motelzimmer, lag ich auf meinem Bett und redete mit dem Herrn: ,,Herr, ich habe einen Fehler begangen. Mein Hals tut weh. Ich bin nervös und gereizt. Die echte Persönlichkeit kommt nicht durch.''

Ich lag ruhig da und wartete. Er verstand. ,,Ich bin froh, daß du zugibst, wie verkehrt deine Entscheidung war. Wenn jemand bereut, kann ich immer einen Fehler wiedergutmachen und Gutes daraus hervorbringen.''

In Philadelphia versagte meine Stimme zweimal, und ich mußte während des Interviews Wasser trinken, um weiterreden zu können. Danach plagte ich mich draußen mit vier Gepäckstücken ab, um sie ins Taxi hinein- und wieder herauszubekommen. Kein Fahrer bot mir seine Hilfe an.

In Boston war ich durch Krämpfe und Durchfall geschwächt. Auf dem Flug nach Baltimore verstopften sich meine Ohren und blieben für den Rest der Reise zu. Ich fühlte mich, als sei ich unter Wasser. Im Motelzimmer in Baltimore ließ ich mich aufs Bett fallen und flüsterte: ,,Herr, hilf mir. Sie haben keinen Arzt im Motel, aber ich glaube, ich brauche einen. Was soll ich tun?''

Eine halbe Stunde später klingelte das Telefon. Freunde aus Texas, die in der Gegend einen Besuch machten, hörten, daß ich im Fernsehen auftreten würde, und hatten mich aufgespürt. Sie erkannten meine Stimme kaum wieder, so heiser war ich. Sie fuhren mich zur Notaufnahme ins Krankenhaus, wo meine Halsentzündung und eine ernste Ohreninfektion behandelt wurden.

In San Franzisco ging mir das Geld aus, ich konnte meinen Scheck nicht einlösen und war während der beiden letzten Tage auf Hungerdiät gesetzt. Schnaufend und hustend bestieg ich das Flugzeug nach Minneapolis, wo wir in einem Schneesturm landeten. Mein Anschlußflug war gestrichen, und ich mußte die ganze Nacht in einem Motel bleiben, statt nach Hause zu kommen.

Einen Tag, nachdem ich zu Hause ankommen sollte, mußte Carl nach Charlotte in Nord-Carolina fahren, wo er 10 Tage auf einem Seminar für Ehepaare sprechen sollte. Krank, elend und ausgepumpt kam ich zu spät nach Hause, fünf Stunden, nachdem mein Mann weggefahren war. Traurig und einsam schleppte ich mich ins Bett. Gott hatte mich gewarnt, diese Reise zu unternehmen. Er wußte, wie schwierig sie sein würde, und wollte mir das ersparen. Er gebrauchte mich zwar, den Menschen im Fernsehen ein Zeugnis zu sein, und ließ aus einer schlimmen Situation Gutes erwachsen. Aber ich brauchte Wochen, um mich davon zu erholen.

Das Hauptziel des Gesprächs mit Gott sollte sein, zu hören, was wir nach dem Willen des Herrn tun sollen. Wenn wir seinen Anweisungen nicht gehorchen, geht alles daneben.

Ich habe gelernt, daß Gott nie seinem eigenen Wort zuwiderhandelt, wenn er heute zu Menschen spricht. Ein Sprachforscher und Übersetzer meinte, er habe ein Wort von Gott empfangen und sollte als Missionar nach Übersee gehen. Seine Frau lehnte es ab mitzukommen, weil sie acht Kinder hatten, die zu versorgen waren.

Der Sprachforscher erzählte dann meinem Mann, er habe Gott sagen hören, er würde ihm eine neue Lebensgefährtin schicken, die mit ihm aufs Missionsfeld ginge. Mein Mann wies den Professor darauf hin, daß das nicht stimmen könnte. Gott würde seine Gebote über die Heiligkeit der Ehe nicht verletzen.

Offensichtlich versuchte der Sprachforscher einen Grund zu finden, seine Frau und seine Kinder zu verlassen und hörte die Stimme seiner eigenen Wünsche.

Zwar haben meine Zwiegespräche mit Gott einige großartige Glaubensabenteuer zur Folge gehabt, aber ich weiß, daß ich noch kaum die Startlinie in dieser Form der Verständigung mit Gott hinter mir gelassen habe. Die Botschaften, die ich bekommen habe, sind manchmal unvollständig oder unverständlich für mich; dann wiederum prägnant und sehr treffend gewesen. Manchmal spüre ich seine Gegenwart, manchmal nicht. Die Ungeheuerlichkeit einer Wahrheit, die er mir zeigt, kann begeisternd aber auch dämpfend wirken.

Immer möchte ich mehr. Mehr von seiner Liebe, mehr von seiner Güte, mehr von seinen Worten, mehr von seiner Bestätigung. Ich sehne mich nach mehr, sträube mich aber, wenn ich bestimmte Opfer bringen muß, z. B. mehr Zeit in seiner Gegenwart. Was für ein paradoxer Zustand!

Manchmal wünsche ich mir, mein Augenlicht für eine Woche zu verlieren. Natürlich nur, wenn ich es anschließend wiederbekomme. Wenn ich die Augen geschlossen habe, habe ich die tiefsten Empfindungen. Wenn ich mich besonders stark durch Musik ausdrücken möchte, schließe ich die Augen. Wenn mein Mann mich in den Armen hält und küßt, spüre ich seine Liebe mehr, wenn ich die Augen schließe. Wenn ich aufmerksam einem Orchester zuhöre, schließe ich die Augen, um eine besondere Instrumentation und zarte Tonqualitäten herauszuhören, die im Zusammenklang der Instrumente nicht zu erfassen sind.

Ich glaube, ein Blinder kann die Konzentration, die wir für das Aufnehmen von Bildern benötigen, nach innen richten und Gefühle wahrnehmen. Die Sensitivität und das Verständnis blinder Menschen für die Gefühle anderer sind erstaunlich. Viele spüren, daß Gott ihnen in ihrer Dunkelheit zulächelt. Sie werden durch die Erscheinung von Menschen und Dingen um sie herum nicht abgelenkt; sie können ihr „Augenmerk" auf die wahre, geistliche Qualität anderer richten. Ihre Fähigkeit, der Stimme Gottes im Zwiegespräch zu lauschen, gibt ihnen eine besondere Möglichkeit, anderen zu helfen, ohne durch das Gesicht, das Zweifel, Desinteresse oder Unglaube ausdrückt, entmutigt zu werden.

Vier Tage nach dem Begräbnis meines ersten Ehemannes

läutete morgens das Telefon. Meine Welt war trüb, es war noch einige Monate vor der Geburt unseres zweiten Kindes.

,,Betty, mein Name ist Horace Booker. Ich habe gerade vom Tod Ihres Gatten erfahren und mache mir Sorgen, weil Sie nun dem Problem gegenüberstehen, Ihr Kind allein zur Welt bringen zu müssen. Meine Frau Julia gibt Ihrer Tochter Brenda Klavierunterricht, und heute morgen beteten wir, daß Gott Sie stärken und Ihnen seine Freude schenken möge. Ich glaube, der Herr gab mir eine Botschaft für Sie, die ich Ihnen weitergeben möchte. Lesen Sie bitte das 54. Kapitel aus Jesaja. Es wurde für die Witwen geschrieben.''

Ich folgte seinen Anweisungen und las das Kapitel unter Gebet. Es war trostvoll und stärkend. Gleichzeitig war ich ergriffen von seinem Verständnis und Interesse für andere; er war blind von Geburt an.

Er rief nochmals an, und ich fragte ihn dabei nach Einzelheiten über ihn selbst. ,,Gott sprach das erste Mal zu mir, als ich noch ein Kind war'', erklärte er. ,,Da ich blind und klein von Wuchs war, war ich allein und in mich gekehrt, während die anderen Kinder darauf aus waren, ihr Können im Sport und anderen Aktivitäten zu entfalten. Der Herr zeigte mir, daß er mich für ein besonderes Werk vorgesehen habe. Er schenkte mir eine Liebe zur Musik und die Zeit, diese Begabung zu entfalten. Ich habe mir nie Gedanken über Staub und Ordnung oder die Einrichtung des Hauses oder das Aussehen von Menschen machen müssen. Ich war nur an einer liebevollen Atmosphäre des Hauses interessiert, indem ich es mit Musik und Fürsorge erfüllte.''

Horace Booker fuhr fort, eine Begegnung zu beschreiben, die er eines Tages mit dem Herrn hatte. ,,Herr, ich brauche jemanden, den ich lieben darf und der mich liebt, so wie ich bin'', betete ich. ,,Und Herr, wenn es dein Wille ist, laß meine Gefährtin sehen können; laß sie mein Auge sein und ein Auto fahren, damit sie mich zu den Kirchen fahren kann, wo ich geistliche Konzerte geben werde!''

Horace sagte mir weiter, daß Gott ihm keine direkte Antwort gab, aber eine feste Gewißheit. Er war zuversichtlich, Gott würde handeln.

„Schon beim nächsten Konzert kam eine junge Frau, um mich spielen zu hören. Nach der Veranstaltung suchte sie mich auf und sprach mit mir. Kaum hörte ich die ersten Worte aus ihrem Mund, wußte ich, daß sie es war, die Gott mir zur Gefährtin geben würde."

Horace beschrieb ihre Freundschaft, ihre Ehe und wie vollkommen ihr Leben zueinander paßte. Sie chauffierte ihn, sie gaben zusammen geistliche Konzerte, Horace auf der Orgel, sie auf dem Klavier. Sie wurden ein Team.

„Julia ist so liebenswert", fuhr er fort. „Ich habe sie nicht verdient. Ich habe ihr Gesicht berührt, ihren Zügen nachgespürt und entdeckt, daß alles an ihr wundervoll ist."

Horace sprach so liebevoll von seiner Frau, daß mir die Tränen in die Augen stiegen. Ich kannte Julia zwar als freundlich, still, liebenswürdig und nie kritisch, aber sie ist auch eine etwas dicke, schlichte Frau, ohne schöne Gesichtszüge. „Der Mensch sieht, was vor Augen ist", sagt die Schrift, „Gott aber sieht das Herz an." So ist es bei blinden Menschen, die verliebt sind.

Julia war berufstätig und deshalb tagsüber nicht zu Hause. Horace hatte viel freie Zeit. Wieder führte er ein Zwiegespräch mit dem Herrn und betete: „Ich brauche etwas, was ich jetzt zu Hause tun kann. Ich bin nicht zu alt, um einen neuen Beruf zu erlernen, Herr. Zeige mir, was du willst, das ich tun soll."

Und er erhielt die Antwort: „Julia soll dir jeden Tag die Todesanzeigen aus der Zeitung vorlesen. Du nimmst sie auf Kassette auf. Dann mach einen Telefonisten ausfindig, der dir hilft, die Telefonnummern der Überlebenden zu erfahren. Rufe sie an und tröste sie. Wenn sie feststellen, daß du auch eine Behinderung hast, wird es ihnen dazu verhelfen, für das zu danken, was sie noch haben."

Horace erklärte dann, daß er auf diese Weise dazu gekommen sei, mich anzurufen. Er „las“ unter den Todesanzeigen vom Tod meines Mannes.

„Manchmal spiele und singe ich für die trauernden Menschen“, sagte er. „Ich habe sehr viel zu tun mit den Anrufen, weil der größte Teil der Bevölkerung hier in Florida alt ist und es deswegen viele Todesfälle gibt. Ich hoffe, ich habe Ihnen geholfen, Betty. Sie können sicher sein, daß ich jeden Tag für Sie beten werde. Eines Tages werde ich Sie und die anderen, die ich angerufen habe, sehen. Die beiden, die ich mehr als alle anderen zu sehen begehre, sind Julia und das Antlitz meines Heilandes. Diese beiden haben mich wirklich geliebt und für mich gesorgt.“

Ich will noch einmal meine Entdeckungen, soweit sie das Gebet als Zwiegespräch betreffen, zusammenfassen:

1. Gott erwartet und wünscht es von seinen Kindern.
2. Am besten führt man es allein mit ihm. Es kann aber auch während der täglichen Arbeit stattfinden. Das beste ist, beides zu üben. Es sollte höchste Priorität vor allem anderen haben.
3. Zuhören bedeutet Schweigen, ein Gefühl der Erwartung, der Geduld. Manche Antworten haben eine lange Anlaufzeit.
4. Gott spricht auf verschiedene Weise: ein Gedanke, der in den Sinn kommt, freundliche Worte, die uns einfallen, ein besonders deutliches Empfinden. Er spricht vielleicht durch einen Traum. Sehr selten vernehmen wir eine hörbare Stimme.
5. Wenn wir den Herrn im Zwiegespräch suchen, müssen wir seinen Anweisungen gehorchen.
6. Wenn wir etwas hören, das von Gott zu sein scheint, aber wir nicht sicher sind, sollten wir es anhand der Schrift prüfen und uns bei anderen Gläubigen, denen wir vertrauen, Rat holen.

11

GEBET FÜR WIDERSTREBENDE

Soll ich für Menschen beten, die mit Gott nichts zu tun haben wollen? Ist es aufdringlich?

Ist solch ein Gebet wirkungsvoll oder eine Vergeudung von Zeit und Energie?

Wenn diese Fragen auftauchten, bekam ich als Antwort von Christen und aus der Schrift: „Ja, bete für Ungläubige. Das ist schriftgemäß, Gott möchte, daß seine Nachfolger jeden Menschen mit seiner frohen Botschaft der Hoffnung und Errettung erreichen."

Ich akzeptierte diese Antwort, aber sie war nicht real für mich, bis ich es mit Betty und Roy Miller zu tun bekam. Die Umwandlung dieses Paares und ihrer Kinder, bewirkt durch die Gebete von Leuten, die sich für sie einsetzten, ist eine wunderbare Geschichte. Sie zeigte mir, daß die Rettung verlorener Menschen von einer Anzahl betender Gläubiger abhängen kann, und daß ich es als Glied dieser Kette nicht wagen darf zu versagen, wenn meine Zeit der Verantwortung kommt.

In den 60er Jahren war Betty eine einsame, geschiedene Frau mit zwei kleinen Jungen. Eines Abends stahl sie sich von Zuhaus fort in eine Cocktailbar in Green Bay, Wisconsin. Sie war eine zierliche, auffällige Brünette mit warmen, braunen Augen und der Figur einer Ballett-Tänzerin. Betty saß allein an der Bar, als sie Roy Miller begegnete.

Roy, Vater von zwei Töchtern, war ebenfalls einsam und voller Selbstmitleid. Mit seiner Ehe ging es bergab. Roy war dunkelhaarig, gut aussehend und hatte eine sanfte Stimme.

Betty und Roy trafen sich noch öfters, verliebten sich und beschlossen zu heiraten. Die Eltern beider Seiten waren nicht einverstanden und sagten das auch. Betty war römisch-katholisch, Roy Lutheraner. Sein Vater war obendrein Geistlicher.

Die Konfrontation zwischen Vater und Sohn wurde zornig geführt und lief etwa wie folgt ab: „Ich will mich scheiden lassen und Betty heiraten", sagte Roy frei heraus.

„Das ist auf jeden Fall falsch", erwiderte sein Vater. „Du hast vor Gott die Verantwortung für eine Ehefrau und zwei Töchter."

„Meine Ehe ist am Ende."

„Du hast dir nie Mühe gegeben, eine gute Ehe zu führen."

„Ich liebe Betty!"

„Eine Geschiedene, die du in einer Bar kennengelernt hast. Das kann nicht in Ordnung sein!"

„Ich will sie heiraten."

„Mein Sohn, auch wenn deine Frau tot wäre, suchst du am falschen Ort, um eine gute Frau zu finden. Du wirst nie eine Perle im Schweinestall finden."

Roy schluckte seinen Ärger hinunter, zuckte die Achseln und sagte noch lässig: „Du lebst dein Leben, Vater, ich will meines leben. Ich mache zwar dann und wann einen Schnitzer, aber ich lebe und lerne."

Betty wies ebenfalls die schweren Vorwürfe ihrer Eltern zurück.

„Was heißt das schon, daß er verheiratet ist!" sagte sie. „Roy hat es bei seiner Frau nur um der Kinder willen ausgehalten, er liebt sie nicht, sondern er liebt mich."

Weder Betty noch Roy wollten etwas mit Religion zu tun haben. Zwei Jahre lang gingen sie miteinander, während die Scheidung lief. Dann heirateten sie. Betty brachte Doug und Greg, ihre beiden kleinen Jungen von 5 und 3 Jahren, mit in die Ehe. Ein Jahr danach wurde ihnen eine Tochter geboren.

Roys erste Frau und die beiden Töchter zogen nach Kalifornien.

Die neue Ehe kam bald in Schwierigkeiten. Betty dachte, die Abende während ihrer Verlobungszeit, die sie mit Tanzen und Trinken in Bars zugebracht hatten, wären ein Spaß gewesen. Doch kurz nach der Hochzeit mußte sie feststellen: ihr neuer Ehemann trank zuviel und gab zuviel Geld aus. Der Alkohol ließ sein Temperament regelmäßig durchgehen. Streitereien fingen an.

Sie entschlossen sich umzuziehen. Roy fand eine neue Stellung bei einer Baugesellschaft, und sie zogen um nach Corpus Christi in Texas. Doch mit der Ehe ging es weiter bergab. Trinken, Parties, Mißtrauen, Eifersucht und die Weigerung beider, die Verantwortung auf sich zu nehmen, waren keine Grundlage für eine Ehe.

Neben den Millers wohnte ein christliches Ehepaar, das sofort spürte, wie tief ihre neuen Nachbarn in Problemen steckten. Die Kinder waren oft krank und weinten häufig. Daß Roy trank, war offensichtlich. Das christliche Ehepaar begann für die Millers zu beten.

Als sich die Schulden häuften, fällte Roy eines Tages eine Entscheidung. „Gut, ich mache einen Kompromiß", sagte er großspurig zu Betty. „Ich will die harten Sachen von jetzt an lassen und nur noch Bier trinken."

„Das wird unsere Ausgaben ein wenig einschränken", stimmte Betty zu. „Aber wir werden keinen Kredit bekommen, ehe wir nicht gelernt haben, unser Geld einzuteilen."

„Ich werde besser damit fertig werden", versprach er. „Und da ist noch etwas: Ich denke, wir sollten unsere Kinder zur Sonntagsschule schicken."

„Willst du dich einer Gemeinde anschließen?" fragte Betty zweifelnd.

„Nein. Aber wenn wir die Kinder zur Kirche schicken, werden wir am Sonntagmorgen frei haben und brauchen keinen Babysitter."

„An welche Kirche denkst du?“

„Das ist mir gleich. Die, in die unsere Nachbarn gehen, scheint in Ordnung zu sein. Sie haben sich angeboten, die Kinder jeden Sonntag mitzunehmen und sie wieder nach Hause zu bringen.“

Roy und Betty waren sich einig, daß das eine großartige Möglichkeit sei, einen Morgen für sich allein zu haben. Ihre Nachbarn holten die Kinder sonntags um 9.30 Uhr ab und brachten sie drei Stunden später wieder. Betty und Roy machten sich nie die Mühe, nach dem Namen der Kirche zu fragen, die ihre Kinder besuchten.

Crystal, die Jüngste, kam jeden Sonntag nach Hause und sang Chorusse, deren einfache Aussage Roy und Betty ein bißchen unruhig machten.

Dann kamen eines Sonntags Douglas und Gregory zurück und erzählten ihren Eltern, daß Jesus in ihr Herz gekommen sei.

„Das ist prima, Doug“, sagte Betty gleichgültig. „Wie kam das denn?“

„Wir knieten am Altar und beteten.“

„Oh?“

„Jesus liebt uns. So steht es in der Bibel.“

„Das stimmt“, sagte Roy. „Jesus war ein guter Mann.“

„Jesus starb für uns. Dann ging er in den Himmel und sandte den Heiligen Geist, um in uns zu leben.“

„So, so.“

Roy und Betty schauten einander unbehaglich an.

„Jesus kann uns von der Sünde erretten, weißt du.“

„Wer hat euch das gesagt?“

„Der Pastor. Er hat für uns am Altar gebetet. Er sagte zu uns, wir sollten euch sagen, er würde gern kommen und mit euch sprechen.“

„Das wird nicht nötig sein.“

„Er möchte euch einladen, zur Kirche zu kommen. Würdet ihr bitte mitkommen?“

Die drei Kinder schauten ihre Eltern mit bittenden Augen an. Roy beschloß, das Gespräch zu beenden. ,,Ich habe alles Nötige über die Religion gelernt, als ich in eurem Alter war. Es ist schon in Ordnung, aber nehmt es nicht zu ernst. Menschen mit zuviel Religion tun merkwürdige Dinge.“

,,Papa, kommst du in den Himmel?“ Diese Frage kam von Crystal, deren große Augen sich plötzlich mit Tränen füllten.

,,Wir sprechen über den Himmel ein andermal“, sagte Roy entschlossen. ,,Jetzt wollen wir essen.“

Doch die Unterhaltung verfolgte Roy und Betty. Sie wußten nicht, daß täglich für sie gebetet wurde. Nicht nur ihre Nachbarn, auch ihre eigenen Kinder beteten. Schließlich wurde den beiden bewußt, daß sie sich ihren Kindern gegenüber in Verteidigungsstellung befanden. Zum ersten Mal empfanden sie ihre Unzugänglichkeit als Eltern.

Eines Tages erhielt Roy beunruhigende Nachricht von seiner ersten Frau. Die älteste Tochter Pam war von daheim weggelaufen und zuletzt gesehen worden, als sie in einer Kommune in Hollywood untertauchte. Ihre Mutter berichtete, daß Pam angefangen habe, ungewöhnliche Zigaretten zu rauchen und eine Droge einzunehmen, die sie sich nicht leisten konnte. Als sie einige Ladendiebstähle beging, um ihr schmales Taschengeld aufzubessern, wurde sie geschnappt.

Roy und Betty schauten einander voller Bestürzung an. Was konnten sie tun? Pam nach Texas einladen, um bei ihnen zu wohnen? Sie hatten genug mit ihren eigenen Schwierigkeiten zu tun! Noch dazu, seit Roy ein Magengeschwür hatte und die Ärzte ihm zu einer Operation rieten.

Der Zeitpunkt, ihre Familie durch eine weitere problematische Person zu vergrößern, war alles andere als günstig. Aber Roys Gewissen machte ihm zu schaffen — eine ungewohnte Erfahrung.

Seine Tochter war in Schwierigkeiten, er konnte ihr nicht den Rücken zuwenden. In ihrer Verzweiflung suchten Roy und Betty ihre Nachbarn auf und schütteten ihr Herz vor ihnen aus. Die Nachbarn — interessiert und voll Mitleid — schlossen Pam in ihre Gebete ein und drängten Roy, sie zu suchen und nach Texas zu bringen.

Roy tat es. Zu seiner Überraschung strömte Pam über vor Freude, ihren Vater zu sehen, und begleitete ihn gern nach Corpus Christi, wo sie eine Arbeit fand und bei den Millers wohnte.

In den darauffolgenden Monaten wurde Roy operiert. Zwei Drittel seines Magens mußten entfernt werden. Während er sich erholte, beobachtete er voller Verwunderung die überraschende Entwicklung seiner Tochter.

Zuerst fing Pam an, mit den Nachbarn und den drei Kindern zur Kirche zu gehen. Dann kam sie an einem Sonntag mit strahlenden Augen zurück und erzählte, sie habe ihr Leben Jesus Christus übergeben und sei ein neuer Mensch geworden.

Drittens begegnete sie einem jungen Christen, der in Corpus Christi auf dem Marinestützpunkt stationiert war. Sie verliebten sich und baten um Erlaubnis, heiraten zu dürfen. Viertens: eine strahlende Pam und ihr Freund wurden in der Kirche getraut und begannen zusammen ein neues Leben.

Der Eindruck dieser gesunden, freudigen und zugleich geistlichen Freundschaft und Ehe wirkte stark auf Roy und Betty. Ihre vier Kinder waren jetzt Christen geworden. Das Ergebnis: Sie waren gesünder, glücklicher und weniger egozentrisch als ihre Eltern. Roy und Betty waren immer noch festgefahren in denselben alten Gleisen und Problemen.

Roys Arbeit forderte eine Versetzung, und er zog nach Houston. Vor seiner Abreise ging er allein die Nachbarn besuchen und bat diesmal um Fürbitte. „Vielleicht wird dieser Arbeitswechsel auch unser Glück herbeiführen", sagte er zu seinen Nachbarn.

„Willst du, daß Gott deine Umstände ändert oder dich?" fragten sie ihn. Roy ging bei dieser Frage in die Knie. Er war noch nicht bereit, den Gedanken in Erwägung zu ziehen, daß er seinen Lebensstil ändern mußte.

Betty war erleichtert, als Roy für drei Wochen allein nach Houston ging, um sich einzuarbeiten und nach einem Haus zu suchen. Sie war sich nicht sicher, ob sie bei ihm bleiben sollte. Ihre Finanzen waren immer noch in völliger Unordnung. Roy wurde unwirsch zu den beiden Jungen. Sie waren nicht seine Söhne, und er ärgerte sich über das Geld, das sie ihn kosteten.

Inzwischen rief Roys erste Frau mehrmals an und berichtete, daß auch ihre zweite Tochter Lynn zu einem ernsten Problem geworden war: sie hatte keinen Respekt vor ihrer Mutter, weigerte sich zu gehorchen und schwänzte die Schule. Ob Roy und Betty sie auch aufnehmen würden?

Betty war verzweifelt, gefangen in einer Falle. Roy trank immer noch und wurde zeitweise tätlich. Sie schrieb an ihn: „Wir kommen nicht, um mit dir zusammenzuwohnen. Dies ist eine günstige Gelegenheit, um uns zu trennen und unser Verhältnis zu lösen."

An diesem Krisenpunkt wünschte Roy, er hätte seine gläubigen Nachbarn bei sich, um sie um Rat zu fragen. Weil das nicht der Fall war, schaute er sich nach einer Kirche in der Nähe seines Motels um. Eines Abends kam er in die unsrige. Das Predigtthema meines Mannes lautete: „Gott führt uns niemals in eine Sackgasse." Am Schluß des Gottesdienstes lud Carl jeden ein, nach vorn zu kommen, der Gebet und Hilfe braucht.

Ein schlaksiger, gut aussehender Mann kam durch den Gang, kniete am Altar nieder und bot Gott 40 vergeudete Jahre an. Hinterher zogen sich Roy Miller und Carl in das Büro zurück. Roy schüttete sein Herz aus und bat Gott, ihn von seiner Liebe zum Alkohol zu befreien und seine Veranlagung zu heilen, die ihn kürzlich dazu gebracht hatte, Möbel zu zerschlagen und Betty in seiner Wut umherzustoßen. Als ich Roy nach dieser Sitzung mit Carl traf, war es schwer zu glauben, daß dieser unterhaltsame, amüsante und liebenswerte Mensch solch eine zweigeteilte Persönlichkeit sein sollte.

Roy rief an jenem Abend Betty an und sagte ihr, daß er sein Leben Jesus Christus übergeben habe. Sie nahm die Neuigkeit argwöhnisch auf, in der Überzeugung, das sei nur eine Masche, um ihre Ehe zu retten. Roy kam jetzt regelmäßig zum Gottesdienst. Wir merkten bald, daß er eine gute Singstimme hatte, und luden ihn ein, im Chor mitzusingen. Inzwischen hatten Carl und ich uns der Gebetskette für die ganze Miller-Familie angeschlossen. Mehrere Wochen später fuhr Roy nach Corpus Christi zurück, um das Wochenende bei seiner Familie zu verbringen. Den ersten Abend, als die Kinder im Bett waren, nahm er die Hand seiner Frau und saß mit ihr im Wohnzimmer auf dem Sofa.

„Betty, ich habe 40 Jahre gebraucht, um einen Sinn im Leben zu finden", sagte er. „Ich habe meistens alles getan, was zu tun war, doch nichts hat mir echten Frieden oder Zufriedenheit gebracht. Das lief so, bis ich mein verpfuschtes Leben dort in der Kirche von Carl Malz dem Herrn übergab. Jetzt denke ich zum ersten Mal, daß ich es als Mann und Vater schaffen kann."

Seine Frau kämpfte mit widerstreitenden Empfindungen. Nachdem sie die Ehe schon aufgegeben hatte, war sie nicht bereit, es nochmals zu versuchen. Sie hatte den Respekt vor Roy verloren und war argwöhnisch bezüglich seiner neugefundenen Religion. Ihr römisch-katholischer Hintergrund machte es ihr schwer, die Freude über die Erfahrung der Wiedergeburt zu verstehen. Trotz ihrer Gleichgültigkeit, ja sogar Feindseligkeit, der Kirche gegenüber, hatte sie immer einen verschwommenen Glauben an Gott behalten. Ihr Gott hatte jedoch keine Bedeutung für ihr Leben. Jetzt sprachen die Kinder und Roy alle eine völlig andere Sprache. Sie fühlte sich durch deren Gebete und durch ihre Art des Christseins bedroht.

Betty hatte in acht Jahren Ehe wenig Freundlichkeit erfahren. Ihr schwungvoller, unbekümmerter Geist war durch kleinliches Gezänk und Streitereien gedämpft worden. Die schwere Hausarbeit mit nur geringer Hilfe ließ sie vorzeitig altern und müde erscheinen. Dann erlitt sie einen bedauerlichen Unfall, durch den eines ihrer Augen schielend zurückblieb. Den Ärzten war es nicht möglich gewesen, das Auge wieder auszurichten. Das Ergebnis: sie war gehemmt und traute sich nicht unter Menschen.

Betty wünschte sich, ihr Mann würde sie in die Arme nehmen anstatt über Jesus Christus zu sprechen. Sie wollte wissen, ob er sie noch liebte. Jesus erschien ihr so fern. Doch Roy schien über nichts anderes reden zu wollen.

„Jesus nimmt uns so an, wie wir sind, Betty. Das ist das Großartige an ihm. Er liebt uns, er vergibt unsere Sünden. Er will das Haupt unserer Familie werden. Darin liegt der ganze Unterschied — warte ab und sieh!“

Betty seufzte. „Ich weiß einfach nicht, Roy. Ich weiß gar nicht, was für Gefühle ich dir gegenüber habe. Um der Kinder willen meine ich, sollte ich es nochmals versuchen. Aber bestehe nicht darauf, daß ich so glaube wie du. Ich kenne solche Gefühle überhaupt nicht.“

„Laß es auf einen Versuch ankommen, Betty. Komm mit mir nach Houston, und wir werden dort zusammen zur Kirche gehen. Willst du es nicht einmal probieren?“

Sie zog mit Roy und den Kindern nach Houston. Während an einem Sonntagabend der Chor zur Eröffnung der Anbetung sang, marschierte Roy den Gang entlang, ein breites Lachen auf seinem Gesicht. Neben ihm ging eine kleine schmächtige, aber hübsche junge Frau in geschmackvoller Kleidung. Als ich näher hinsah, bemerkte ich, daß eines ihrer Augen schlimm zu ihrer Nase hin verdreht war. Hinter dem Ehepaar gingen drei ungewöhnlich hübsche Kinder: zwei Jungen, Douglas und Gregory, die sich der Pupertät näherten, und die 7jährige Crystal.

Am Schluß des Gottesdienstes warteten sie, um mit meinem Mann und mir zu sprechen. Als ich Betty gegenübertrat, schmolz mein Herz vor Mitleid. Das schielende Auge hatte ihre Gefühle, minderwertig zu sein, verstärkt. Ich spürte, daß unsere Liebe sie den Tränen nahegebracht hatte. Carl schlug vor, wir sollten alle am Fuß des Altars niederknien. Betty zögerte nur einen Augenblick. Was für ein eindrucksvolles Bild boten die fünf, als sie Jesus baten, ihre Familie wiederherzustellen.

In den Tagen, die folgten, wurden Betty und ich Freundinnen. Da die Millers Schwierigkeiten hatten, ein Haus für sich zu finden, machte ich den Vorschlag, dafür zu beten. Weil nur wenige Hauswirte an eine Familie mit drei Kindern vermieten wollen, wurde den Millers klar, daß sie ein Haus kaufen mußten. Doch zu viele Schulden hatten ihre Kreditwürdigkeit ruiniert, keine Bank wollte das Risiko eingehen, ihnen ein Darlehen zu geben.

Betty erzählte mir später, daß sie eines Tages allein in einem Restaurant aß, als sie sich genötigt fühlte, den Kopf zu senken und still zu beten. „Herr, wenn dir etwas daran liegt, hilf uns bitte, ein Haus zu finden!“

Nach dem Essen fuhr sie ins Motel zurück. Aber unwillkürlich benutzte sie eine andere Straße. Ein recht reizvolles Haus zog ihre Aufmerksamkeit auf sich. Am Eingang strich ein Mann die Vordertreppe. Auf einen Impuls hin hielt sie an und fragte, ob das Haus zufällig zu mieten wäre.

„Ich mache es gerade zurecht, um es zum Verkauf anzubieten“, antwortete er. Betty war überrascht, daß sie gerade erst gebetet hatte und nun schon dieses Haus fand. Sie erkundigte sich nach den Bedingungen. Innerhalb von zwei Wochen kam das Geschäft zustande. Bettys Erfahrung mit dem Haus war eine weitere Antwort auf unsere Gebete.

Als ich Betty das nächste Mal traf, fühlte ich mich gedrängt, ihr folgende Frage zu stellen: „Hast du Gott je darum gebeten, dein Auge zu heilen?“

Betty war überrascht. „Die Ärzte haben mich gründlich untersucht. Eine Operation könnte gelingen, aber das würde kostspielig und gefährlich sein. Dazu bin ich nicht bereit.“

Ich ließ das Thema fallen.

Die Art, wie die Miller-Familie zusammenwuchs, erinnerte mich an ein Bilderpuzzle vom Meer, das mein Bruder Don zusammensetzen wollte, als wir noch Kinder waren. Wir saßen zusammen am Küchentisch, stellten aber zu unserer Enttäuschung fest, daß mehrere Teile fehlten. Don fand ähnliche Stücke eines alten Puzzle, das wir ausrangiert hatten. Er begann sie zurecht zu schneiden und mit Sandpapier zu schmirgeln, damit sie den benötigten Stücken glichen. Das war eine viel schwierigere Aufgabe, als er zuerst gedacht hatte. Ebenso entdeckten Roy und Betty, wieviel Geduld, Opfer und Zeit es brauchte, zwei zerbrochene Familien zusammenzuleimen.

Wir beobachteten, wie das geschah. Die Kinder fingen an, im Jugendchor zu singen. Betty und Roy hielten sich treu zum Erwachsenenchor. Carl verbrachte Stunden mit ihnen in der Seelsorge. Wenn die Temperamente aufbrausten, lernten sie innezuhalten und Gott um Hilfe zu bitten.

Auch Roys jüngste Tochter Lynn kam kurz darauf nach Texas, um sich der Familie anzuschließen. Sie war jetzt 15 und hatte sich über die Verbote, die ihre Mutter ihr auferlegte, geärgert.

Lynn hatte versucht, auf einem Parkplatz ein Auto zu stehlen, war bei verschiedenen Gelegenheiten heimlich aus dem Hause geschlüpft und hatte das Familienauto geschoben, um es vom Hause wegzubekommen, bevor sie es angelassen hatte. Außerdem pflegte sie mit ihren Freunden bis in die Morgenstunden auszubleiben. Die Millers hatten ein großes Problem vor sich. Roy war schuldbewußt, weil er Lynn vernachläßigt hatte, als sie noch klein war.

Als liebender Vater tat er zuerst ein wenig des Guten zuviel. Es gab nichts, was er für seine Tochter nicht tun wollte. Viele Male müssen Christen andere Christen korrigieren. Das war eine dieser Übungen. Man zeigte Roy, wie verletzend seine Haltung der Familie als Ganzes gegenüber war. Lynn war nur eins von vier Kindern und brauchte Disziplin ebenso wie Aufmerksamkeit. Zuerst leistete sie Widerstand, wenn die Millers zur Kirche gingen und als Familie zusammen beteten. Doch sie wurde von Liebe umgeben. Ihre rebellischen Ausbrüche wurden ignoriert, obwohl sie zuweilen bestraft werden mußte.

Ich werde nie den Sonntagmorgen vergessen, an dem Lynn am Altar der Kirche kniete und darum bat, das zu empfangen, was ihre Angehörigen hatten. Sie hatte sich in den vergangenen Wochen elend gefühlt. Obwohl ihr das Christenleben fremd gewesen war, brauchte und wünschte sie Gottes Frieden und Freude.

Nach ihrer Entscheidung für den Herrn fand Lynn allmählich Freude an der Schule. Sie trat dem Jugendchor und einem Bibelkreis bei. Dann schrieb sie an ihre Mutter und bat sie um Vergebung, daß sie ihr so viele Schwierigkeiten gemacht hatte. Es war eine Freude zu beobachten, wie das Mädchen von einer Knospe zu einer Rose aufblühte!

Eines Tages gab Betty mir gegenüber zu, daß sie geistlich in Schwierigkeiten sei. Vier Kinder hielten sie von Tagesanbruch bis zur Dämmerung in Trab. Sie war eifersüchtig, weil Roys Arbeit leichter war und er solch eine natürliche Gabe hatte, mit seinen Späßen die Leute zu unterhalten. Andere Frauen, die mit melancholischen Männern verheiratet waren, fanden Roy aufregend und anziehend.

Ich spürte den Wink des Heiligen Geistes, daß hinter diesem Problem Bettys Minderwertigkeitsgefühl wegen ihres schielenden Auges steckte. Um sie davon abzulenken, nötigte ich sie, sich auf ihre besonderen Talente zu konzentrieren: Singen, Nähen und Kleider entwerfen. Ich fragte sie, ob sie für mich mehrere Kleider nähen würde, wenn ich im Fernsehen auftreten müßte. Sie tat das so gut, daß sie bald auch für andere in der Gemeinde arbeiten mußte.

Wir beobachteten, wie die Millers in ihrem geistlichen Leben Fortschritte machten und Liebesdienste übernahmen. Sie brachten andere Familien, die Probleme hatten, zur Kirche und luden sie zu sich nach Haus ein, um ihnen den Weg zum wahren Glück zu zeigen. Kollegen mit Trinker- und Raucherproblemen fingen an, Roy um Hilfe und Fürbitte zu bitten.

Ich fand noch ein Glied in der Gebetskette für die Millers, als ich mehrere Monate später im Hause von Len und Catherine LeSourd war. Eines Abend beim Essen bewunderte Catherines Schwiegertochter Edith Marshall die weiße bestickte Bluse, die ich trug. Das führte mich dazu, ihnen die Geschichte von Roy und Betty Miller zu erzählen. „Auch wenn sie schielt, tut sie solch eine wundervolle Arbeit", schloß ich meinen Bericht.

„Wenn Gott solche Wunder in dieser Familie getan hat, möchte er gewiß auch ihr Auge heilen", meinte Len. Dann sah er ganz nebenbei während der Unterhaltung auf und sagte einfach: „Herr Jesus, du hast die Ehe dieser Frau geheilt, so bitten wir dich jetzt, heile auch ihr schielendes Auge. Amen."

Nach meiner Rückkehr nach Texas erzählte ich Betty von dem Gebet um Heilung ihrer Augen. Sie begann zu weinen. „Ich habe mir jahrelang Hoffnung gemacht, daß Roy wieder einmal meine Augen bewundern könnte. Ich habe schon beinahe die Hoffnung aufgegeben."

Im Anschluß an den nächsten Gottesdienst beteten Carl und ich für sie, salbten sie mit Öl und beteten das Gebet des Glaubens.

Sie schaute auf und sagte: „Ich habe das Gefühl, daß ich selbstsüchtig bin. Die Augen meines Bruders Randy sind schwach und in schlechterem Zustand als meine. Er ist jünger, muß einen Wagen fahren und braucht eine Arbeit. Ihr solltet eher für seine Augen beten."

Carl sagte lachend zu ihr: „Gott geizt nicht mit Wundern!

Er ist nie am Ende. Ein Wunder mehr wird Gott nicht bankrott machen oder jemand anderes benachteiligen."

Betty senkte den Kopf und betete: „O Herr Jesus, unser großer Arzt, heile die Augen von Randy!"

Am folgenden Donnerstag rief ihr Bruder Randy sie aus Milwaukee an.

„Schwesterchen, etwas Unerklärliches ist passiert. Meine Augen sind plötzlich viel besser. Ich habe den Augentest für Autofahrer machen lassen und bin durchgekommen. Dann habe ich mir einen neuen Wagen und ein paar Anzüge gekauft und habe mich um eine Stelle als Sozialarbeiter bei der Universität in Wisconsin beworben. Heute bekam ich den Job!"

Wie wunderbar ist die Wirkung der Kraft Jesu Christi in einer Familie, die betet. Sie fängt bei einem oder zweien an, verbreitet sich dann immer weiter, berührt Kinder, Enkel, Eltern, Großeltern, angeheiratete Verwandte, Tanten, Onkel, Nichten und Neffen!

Ein paar Monate später zogen wir von Texas nach Süd-Dakota. Als ich Betty Lebewohl sagte, spürte ich einen Stich der Enttäuschung. Die Augen ihres Bruders waren geheilt, aber sie schielte immer noch. Mehrere Wochen danach rief sie an und sagte mir aufgeregt, daß sie ein Ziehen im Auge gespürt habe, und es sei eine ganz entscheidende Besserung eingetreten.

Im September kam dann wieder ein aufregender Bericht per Telefon. Betty und Roy hatten den ganzen Tag damit verbracht, Laub zusammenzuharken und im Hof zu arbeiten. Spät am Nachmittag hatte Betty sich an Roy gelehnt, um sich zu stützen. Plötzlich rief er aus: „Betty, deine Augen sind gerade! Geh und schau in den Spiegel!"

„Es war tatsächlich so!" erzählte sie mir aufgeregt. „Sie sind gerade!"

Zum Erntedanktag bekam ich einen Fernruf von meiner Freundin Jeanette Dunkerson, die die Heilung bestätigte.

Sie hatte Betty im Lebensmittelgeschäft getroffen und war erstaunt, daß ihre Augen gerade waren. „Ehrlich gesagt, wir konnten nicht einmal sagen oder uns erinnern, welches Auge so sehr geschielt hatte."

Der Herr hat noch viel an der Familie Miller zu tun, aber wie weit sind sie schon gekommen!

12

GEBETSKÄMPFER

Es gibt ein Gebet, das wir in unserer turbulenten Welt, in der die Mächte des Lichts und der Finsternis zusammenstoßen, immer mehr üben sollten. Wenn wir in den geistlichen Kampf verwickelt werden, wissen wir, daß wir die ganze „Waffenrüstung Gottes" brauchen, um uns und unsere Lieben zu schützen.

Im 6. Kapitel des Epheserbriefes beschreibt Paulus diese Rüstung in Einzelheiten. Er nötigt die Christen, das „Schwert des Geistes, welches das Wort Gottes ist", zu nehmen und „allzeit im Geist zu beten".

Tatsächlich werden wir aufgefordert, im Gebet zu kämpfen, um mit den bösen Mächten fertig zu werden.

Meine erste Begegnung mit einem echten „Gebetskämpfer" hatte ich in meiner frühen Jugend, als ich noch leicht zu beeindrucken war. Mein Onkel Cecil, Pilot beim U.S. Air Corps, wurde während einer Schlacht im 2. Weltkrieg abgeschossen. Er wurde schwer verletzt, als er mit seinem Flugzeug eine Bruchlandung in England machte; der Steuerknüppel drang durch seinen Magen und durch die Leistengegend. In dem Augenblick, als ein Telegramm die Nachricht brachte, hörte ich, wie meine Eltern einstimmig sagten: „Ruf das alte Schlachtroß Buckland an!"

Ein Gespräch wurde angemeldet. Der Teilnehmer wohnte in einem alten Landhaus nördlich von South Bend in Indiana, nahe der Grenze zu Michigan. Zwei Tage später erhielten wir die Nachricht, daß Onkel Cecil sein Bewußtsein wiedererlangt hätte und genesen würde. Er konnte später seine Laufbahn in der Luftwaffe fortsetzen, ist jetzt im Ruhestand und arbeitet im Beratungsausschuß von Douglas Aircraft.

Monate nach diesem Ereignis klopfte eines Nachts eine völlig aufgelöste Frau an unsere Haustür und weckte die ganze Familie auf. Als mein Vater die Tür aufmachte, fiel sie beinahe in seine Arme. „Ralf hat wieder seine verrückte Tour, Herr Pastor. Bitte rufen Sie die Polizei!"

Statt die Polizei anzurufen, zog mein Vater seinen Mantel an und donnerte einen Befehl an Mutter: „Rufe das alte Schlachtroß Buckland an!"

Ich weiß nicht, was sonst noch geschah, nur daß mein Vater eine lange Sitzung mit der Frau und ihrem wahnsinnigen Mann hatte, unterstützt von den Gebeten des „alten Schlachtrosses Buckland". Zwei Sonntage danach kam Ralf nach dem Gottesdienst nach vorn und nahm Jesus als seinen persönlichen Heiland an. In den folgenden Jahren wurde Ralf zu einem liebenden Gatten, verantwortungsvollen Vater und zuverlässigen Bürger der Ortsgemeinde.

Was für ein Bombenkerl mußte das „alte Schlachtroß" sein! Endlich kam der Tag, auf den wir so lange gewartet hatten. Das „alte Schlachtroß Buckland" sollte zu uns zum Essen kommen! Wir Kinder, ich war etwa 10, konnten es kaum erwarten. Ich stellte ihn mir als einen zwei Meter großen Riesen mit breiter Brust, dröhnender Stimme und blitzenden Augen vor, der auf einem großen, schwarzen Pferd vor unser Haus reiten würde.

Aber das „alte Schlachtroß" kam in einem kleinen Auto an. Vater eilte hinunter zur Straße, um ihr aus dem Auto zu helfen und sie zur Verandatreppe zu führen. Sie war ein bißchen wacklig vor Alter, zartknochig, klein von Wuchs und einfach gekleidet.

Ich war schrecklich enttäuscht — bis ich ihr ins Gesicht sah. Graue Haare umrahmten starke, eckige Gesichtszüge; ein festes, resolutes Kinn, hohe Backenknochen, eine Patriziernase, charakteristische Linien an der Stirn, deren Falten aussahen wie die Wellen eines Flußes. Doch es waren ihre Augen, die mich fesselten. Tief eingesunken in ihren Kopf, sprühten sie vor Entschlossenheit, Zähigkeit und Kraft. Von der grauen Iris schienen Feuerfunken auszugehen.

Ich zitterte, als sie meine Hand hielt, aber ihre Stimme war nicht scharf, sondern fast sanft. Sie weckte mein Zutrauen, daß ich sie schließlich fragte, wie sie ihre Gebetskraft bekommen habe.

Sie erzählte mir die Geschichte ihres Lebens: Als Kind war sie keine Leuchte, sie hatte keine besondere Begabung, konnte nicht singen, kein Instrument spielen, auch nicht ihre Hände zum Stricken und Nähen gebrauchen. Sie war zu klein, um sich sportlich zu engagieren. Aber sie las gern.

Geschichten, in denen es auf Mut und Tapferkeit ankam, fesselten sie besonders. In ihrer Fantasie stellte sie sich Pferde vor, die in die Schlacht ritten. Wie eine amerikanische Johanna von Orleans überwältigte sie die Mächte des Bösen in jedem Gefecht. Als sie zum Glauben kam, übertrug sie ihre Schlachten auf das Gebet. Und dann kam die Entdeckung: Gott hatte ihr die Gabe der Gebetsmacht für andere gegeben!

Den Namen „altes Schlachtroß" erhielt sie bald danach. Symbolisch ritt sie Pferde in die Schlacht, während sie die Gewalten Satans bekämpfte. Ihre Gebete waren nicht laut, aber intensiv und anhaltend — tatsächlich ohne Unterlaß. Wenn sie für Menschen betete, die sich in einer Krise befanden, legte sie die ganze Waffenrüstung Gottes an, beanspruchte die Kraft Jesu, bestieg ihr Pferd und ritt im Gebet gegen die „Mächtigen und Gewaltigen, die Herrscher der Welt und gegen die bösen Geister unter dem Himmel".

Das „alte Schlachtroß" mußte ihr Haus nicht verlassen, um ihre Schlachten zu schlagen. Als Onkel Cecil dem Tode nahe war, rief sie dienende Engel herbei zu seiner Hilfe, und auch wenn er Tausende von Meilen entfernt in einem britischen Lazarett lag, bin ich überzeugt, daß das himmlische

Heer auf den Anruf von „Schlachtroß Buckland“ hin reagierte.

Die Dämonen, die Ralf in Besitz genommen hatten, hatten keine Chance gegen das „alte Schlachtroß“. Sie erhielt Autorität von Gott, und Ralf wurde befreit. Diese einfache Frau hörte nicht zu beten auf, wenn der Feind auf dem Rückzug war. Sie betete durch, bis die Schlacht gewonnen war, in dem ständigen Bewußtsein, daß der Feind zurückkommen wird, wenn er eine Chance bekommt. „Zu viele Siege haben sich in Niederlagen verwandelt“, behauptete sie, „weil das feiernde Volk in seinen Verteidigungsanstrengungen lässig geworden ist.“

Eine weitere Gebetskämpferin, die ich kennenlernte, ist Thelma Atkinson. Als ihr Gatte starb, entdeckte sie, daß sie eine Gabe des Helfens hatte, anderen im Gebet beizustehen, wenn sie zu schwach waren. Sie drängte sich nie in den Vordergrund, begann eine Sonntagsschulklasse zu unterrichten und leitete eine Frauengruppe. Durch den Heiligen Geist bekam sie jedesmal einen „Schubs“, wenn ich in irgendeiner Schwierigkeit war. Ich kann das nicht erklären, weiß aber, daß Gott manchen Menschen, die sensibel und offen genug für ihn und andere sind, Dinge offenbart. Ich machte ihr nie eine Andeutung, daß ich in Not wäre, doch zweimal schickte sie mir Geld, als wir einer größeren Ausgabe gegenüberstanden. Bei verschiedenen Gelegenheiten rief sie an, um mir zu sagen, daß sie zu einer bestimmten Zeit für mich gebetet hätte; in jedem Fall handelte es sich um eine Krisensituation, die auf beinahe übernatürliche Weise gelöst wurde.

Einmal rang ich damit, wie ich Heathers Geschichte (Kapitel 7) erzählen sollte. Ich kämpfte wochenlang; mehrmals fragte ich mich, ob ich den Plan nicht einfach fallen lassen sollte. Es war ein tiefer innerer Konflikt für mich.

Eines Morgens klingelte früh das Telefon. „Betty, ich wurde um 4.30 Uhr durch den Klang deiner Stimme geweckt. Ich ging auf meine Knie und schwang das zweischneidige

Schwert des Gebets für dich gegen Mächte, die dich verwirren wollen. Bleib standhaft in dem, was du dir vorgenommen hast!"

Ich dankte ihr und berichtete von meinem Problem.

„Ich werde deine geistliche Leibwache sein, bis du es geschafft hast", versprach sie.

Was für wundervolle Gaben haben doch das „alte Schlachtroß" und Thelma und wie nötig sind solche Beter. Wir rechnen damit, daß wir Hilfe vom himmlischen Heer empfangen, doch geistliche Leibwachen und Gebetskämpfer sind unentbehrlich, um die Alarmglocke zu läuten und die unsichtbaren Verbündeten aufzubieten. Der Schlüssel zu ihrer Macht ist, daß sie es gelernt haben, im Geist zu beten. Wenn ich etwas sehr Entscheidendes zu tun habe und fühle, daß ich zum Herrn durchdringen muß, suche ich einen ruhigen Platz, um allein mit Gott zu sein. Dann beginne ich Ihn zu preisen und anzubeten, bis ich die Wärme seiner Gegenwart spüre. Manchmal wiederhole ich folgenden Schlüsselvers: „Desgleichen hilft auch der Geist unserer Schwachheit auf. Denn wir wissen nicht, was wir beten sollen, wie sich's gebührt; sondern der Geist selbst vertritt uns mit unaussprechlichem Seufzen. Der aber die Herzen erforscht, der weiß, was des Geistes Sinnen sei; denn er vertritt die Heiligen, wie es Gott gefällt" (Römer 8, 26—27).

Die Gebetskämpfer durchstoßen eine Schranke, die sie in die höheren Bereiche führt. Der in ihnen wohnende Heilige Geist übernimmt die Fürbitte für Menschen, die durch Krankheit oder andere Schwierigkeiten verzweifelt sind.

Wenn ich eine solche Schranke im Gebet durchbreche, ist es fast so, als befände ich mich in einer anderen Dimension. Meine Lippen formen Worte, die ich nicht verstehe. Aber wenn ich so bete, kann das Gebet nicht vom Feind abgefangen werden, da es niemand außer Gott versteht. Und die Antwort kann nicht blockiert werden.

Nach einem solchen Gebet spüre ich gewöhnlich eine Befreiung, eine Welle von Vertrauen und Hoffnung. Ich habe durchgebetet. Wenn ich, nachdem ich alles Gott übergeben habe, froh und erleichtert bin, dann habe ich im Glauben durchgebetet.

Der Gebetskampf ist eine harte Arbeit, ganz anders als das übliche „etwas im Glauben erwarten". Er braucht mehr Zeit. Er bedeutet einen Anruf aller himmlischen Mächte. Und die Arbeit ist nicht nur ein Gebet mit Worten oder ein intensives Hören. Sie erfordert eine große Vertrautheit mit Gott und mit seinem Wort.

Fast jede Arbeit, die wir in der Welt auszuführen haben, müssen wir erlernen, oder wir benutzen eine spezielle Gebrauchsanweisung, die uns sagt, was und wie wir es zu tun haben. Wenn wir den Anweisungen nicht folgen, geraten wir bald in Schwierigkeiten.

Auch für den Kampf gegen die Mächte der Finsternis hat Gott uns eine Anweisung gegeben: Sein Wort. Ich muß es jeden Tag lesen, um geistlich in Form zu bleiben. Wenn ich nur von meinen eigenen Quellen abhängig wäre, um in dieser Welt durchzukommen, würde ich versagen. Ich bin ein gewöhnliches, schwaches, menschliches Wesen. Aber Gott sei Dank, ich bin nicht von meinen menschlichen Fähigkeiten abhängig. Ich gebrauche Gottes mächtige Waffen, um die Festungen des Teufels niederzureißen. Diese Waffen können jedes stolze Argument brechen, sie können die Bollwerke eines hartnäckigen Willens, intellektueller Beweisführung, negativen Denkens, der Sünde und des Verbrechens überwinden.

Gottes Waffen können jede Mauer, die aufgebaut wird, um Menschen von ihm abzuhalten, niederreißen. Mit diesen Waffen können wir Rebellen binden und sie zu Gott zurückbringen.

Ich spreche hier nicht von Anbetung, Lobpreis, von ernstlichen Gebeten oder einfachen Glaubensgebeten, die alle Gläubigen sprechen. Wenn wir für einen bösen oder verlorenen Menschen anfangen zu beten und gegen die „Mächte und Fürstentümer“ angehen, kommt es zu einer geistlichen Kampfführung. Dann muß das Gebet so scharf und durchdringend sein wie ein Laserstrahl.

An einem Mittwochabend, ich war gerade eingeschlafen, spürte ich eine weiche Pfote am Ellenbogen. Es war unsere Katzenmutter, die mich daran erinnerte, daß ich vergessen hatte, sie hinauszulassen, damit sie die Scheune nach Mäusen durchstreifen konnte. Leise schlich ich mich zur vorderen Haustür und ließ sie hinaus. Ich hoffte, daß ich dabei nicht die anderen Familienmitglieder aufwecken würde.

Auf dem Rückweg zum Schlafzimmer läutete das Telefon. Ich nahm den Apparat und zog das 4 Meter lange Kabel zu seiner vollen Länge aus, ging ins dunkle Badezimmer und machte die Tür zu, bevor ich „Hallo“ sagte.

„Heißen Sie Malz?“ fragte die Vermittlung. „Ich habe jemanden an der Leitung, der immerzu nur »Malz, Malz« sagt. Sie sind die einzige Malz, die im Telefonbuch steht. Es handelt sich um einen Fernruf, bei dem Sie die Kosten übernehmen sollen. Wollen Sie bezahlen?“

„Ja, ich werde den Anruf annehmen“, antwortete ich.

Die Stimme war schwach. „Ich habe zwei Röhrchen Schlaftabletten geschluckt. Ich bin krank. Mir ist schwindelig. Ich fürchte mich. Ich wünschte, ich hätte es nicht getan. Beten Sie für mich zu Gott.“

„Was ist denn nicht in Ordnung?“ stammelte ich.

„Ich habe meinen Ehemann betrogen. Mein Geliebter will mich nicht heiraten. Es ist alles aus.“

„Wo sind Sie?“

„Ich weiß es nicht. In einem Hotelzimmer. Es ist zu Ende, aber ich möchte nicht in die Hölle gehen. Ich habe Ihr Buch gelesen und beschlossen, Sie anzurufen. Bitte beten Sie für mich!“

„Sie müssen auch beten“, schrie ich fast. „Bitten Sie Gott um Vergebung und um sein Erbarmen...“

Dann hörte ich es in der Leitung knacken. Sie hatte aufgehängt. Völlig außer mir wählte ich die Vermittlung. Aber sie sagte, es gäbe keine Möglichkeit, den Anrufer festzustellen.

„O Gott", rief ich, als ich auf dem Boden des Badezimmers kniete und die Nase in meiner Hilflosigkeit gegen die kalten Fliesen drückte. „Herr, habe Erbarmen mit dieser armen Seele! Du bist überall. Du weißt, wo diese Frau sich befindet. Laß sie nicht sterben! Vergib ihr, daß sie sich das Leben nehmen wollte! Laß nicht zu, daß die Schlaftabletten wirken!"

Ich focht und stritt; ich kämpfte und litt, es schmerzte bis hinunter in meine Leistengegend, als hätte ich Geburtswehen. Dann betete ich im Geist mit Seufzern, die nur Gott versteht. Das „alte Schlachtroß Buckland" war schon viele Jahre tot, aber ich rief nach ihrer Art um Hilfe. Ich bat dringend um Hilfe für diese Frau.

Während ich dort in der Dunkelheit auf dem Boden des Badezimmers lag, sah ich das Bild einer jungen Frau mit kastanienbraunem Haar vor mir, die seitlich aus ihrem Bett herausfiel, das Haar zerzaust, die Arme leblos herabhängend. Dann verwandelte sich das Bild: Ihr Kopf fiel nicht auf den Boden, sondern wurde nach oben gezogen, ihr Körper wurde aufwärts gezogen mit einer unglaublichen Geschwindigkeit. Ich hörte das Donnern von Hufen und sah schrecklich aussehende, schwarze Pferde, auf deren Rücken lüstern blickende, böse aussehende Reiter, halb Mensch, halb Tier ritten. Sie umzingelten die Frau, während sie auf einen feurigen Planeten zustürzte. Die Pferde verschmolzen zu einem schwarzen Trichter, der in die feurige Masse mündete. Von dort waren gräßliche Schreie zu vernehmen. Als die Frau sich krümmte, um ihr Gesicht vor der Hitze zu schützen, legte auch ich meine Arme über meinen Kopf.

Ich wisperte drei Worte: Das Blut Jesu. Dann hörte und sah ich etwas, das riesigen Wellen glich, die auf den Strand zurollten, gefolgt vom Glanz eines weißen Lichtes. Das Licht verwandelte sich in wirbelnde weiße Gestalten, Tausende, die sich auf den schwarzen Trichter stürzten und die Schwärze in viele tausend Bruchstücke zersplitterten.

Die Richtung, in der die Frau sich bewegte, änderte sich. Die Angst in ihrem Gesicht verschwand, und ihr Körper raste den gleichen Weg zurück, auf dem er mit unglaublicher Geschwindigkeit gekommen war.

Die Schlacht setzte sich noch eine lange Zeit fort — eine Stunde oder mehr. Doch plötzlich überkam mich ein innerer Friede. Ich setzte mich auf, schwach, aber erleichtert. Die Schlacht war vorüber. Die himmlischen Mächte hatten den Umschwung gebracht. Ich wußte, diese Frau würde leben, Frieden finden, und sie würde keine ernsten Schäden von den Schlaftabletten davontragen.

Der Anruf war in der Nacht zum Mittwoch gekommen. Am folgenden Sonntag spielte ich die Orgel in der Kirche. Etwa die Hälfte des Gottesdienstes war vorüber, als ich von meiner Musik aufschaute. Da sah ich eine junge, attraktive, rothaarige Frau allein durch den Gang kommen. Ich war der Frau nie begegnet, aber ich hatte sie gesehen! Sie setzte sich im hinteren Drittel der Kirche in eine Bank und legte ihr Nerzcape ab.

Carl begann seine Predigt. Ich war zutiefst aufgewühlt, meine Gedanken schweiften mehrfach von seinen Worten ab. Da sagte mein Mann: „Ich las den Bericht eines Baptistenpredigers, der vor Kummer fast gelähmt war, als seine einzige Tochter von daheim weglief. Er war zu stolz, es jemanden zu erzählen. Er betete in schmerzlicher Verzweiflung, bis er spürte, er war zu Gott durchgedrungen. Mehrere Wochen danach kehrte seine Tochter zurück und erzählte ihrem Vater eine ungewöhnliche Geschichte: »Ich saß in meinem Auto und versuchte es zu starten. Etwas stimmte nicht mit der Zündung. Ich war unglücklich. Alles ging mir gegen den Strich. Ich hatte kein Geld, um den Wagen reparieren zu lassen. Ich fing an zu weinen, dann betete ich. Wenn der Herr den Wagen anspringen ließ, würde ich nach Hause zurückkehren, um Vergebung bitten und versuchen, meinem Vater in seiner Gemeinde zu helfen. Schon beim nächsten Versuch sprang der Wagen an.«"

Carl schob dann seine Notizen zur Seite und sagte eindringlich: „Wenn jemand hier von seinen Eltern, seinem Mann oder seiner Frau geflohen ist oder Gott den Rücken gekehrt hat, bitte überlege es dir nochmals. Knie direkt in deiner Bank nieder oder komm nach vorn an den Altar. Wir werden alle zusammen beten und um Vergebung bitten. Ich bitte dich dringend, umzukehren; richte dein Herz und deine Seele auf Gott!"

Ich sah, wie die Frau von ihrem Sitz aufstand und auf die Hintertür zuging. „Heiliger Geist, halte sie zurück!" flüsterte ich. „Herr Jesus, lege deine liebenden, vergebenden Arme um sie und bring sie zurück!"

Sie zögerte, schloß die Tür und kehrte zu der Bank, in der sie gesessen hatte, zurück und kniete nieder. Ich eilte schnell an ihre Seite und kniete mich neben sie. Flüsternd, so daß keiner es hören konnte, fragte ich sie: „Haben Sie am Mittwoch bei mir angerufen?"

Sie fing an, hemmungslos zu schluchzen: „Ja."

„Ich wußte es!" sagte ich ihr. „Wie sehr muß Gott Sie lieben, daß er Ihnen eine zweite Chance gibt."

„Woher wußte Ihr Gatte das?" schluchzte sie. „Mein Vater war auch Baptistenprediger."

Wir beteten zusammen. Ich konnte fast sehen, wie Freude und Leben in ihre Augen zurückkehrte.

Nach dem Gottesdienst erzählte sie uns, was geschehen war. Nachdem sie die beiden Röhrchen mit Schlaftabletten genommen und angerufen hatte, wurde sie ohnmächtig. Dann kam ein schrecklicher Alptraum. Als sie am nächsten Nachmittag wieder erwachte, konnte sie gar nicht fassen, daß sie noch am Leben war. Sie war ein wenig schlaftrunken, aber nachdem sie eine Kanne Kaffee und ein Glas Milch getrunken hatte, verließ sie das Hotel und fuhr zu ihrem Haus zurück, das nicht weit von unserer Kirche entfernt stand. Am Sonntag spürte sie den unwiderstehlichen Drang, in unseren Gottesdienst zu kommen, hatte aber nicht die Absicht, mir gegenüber zuzugeben, daß sie die nächtliche Anruferin vom Mittwoch war.

Ich bin mit ihr in den vergangenen fünf Jahren in Verbindung geblieben. Sie machte Schluß mit der Affäre, fand eine neue Liebe zu ihrem Gatten und den drei Kindern und arbeitet jetzt im Geschäft ihres Mannes. Der Herr segnet ihre Familie.

Immer wenn ich mich hilflos, unzulänglich und geschlagen fühle, erinnere ich mich an Menschen wie Ruth, Marcia, die Millers und die namenlose, rothaarige Frau. Ihr Leben wurde durch die Kraft Gottes verwandelt, die durch die Gebete von ganz gewöhnlichen Menschen wie mich aktiviert wurde. Es erfüllt mich mit Ehrfurcht, daß der Herr uns für wert erachtet, uns als seine Werkzeuge zur Erfüllung seines Planes zu benutzen.

13

DIE LINKE HAND GOTTES

Manche, die bis zu dieser Seite gekommen sind, werden sagen: „Betty, ich habe eine Frage. Manchmal scheinen meine Gebete unbeantwortet zu bleiben. Ich frage mich, ob Gott sie überhaupt hört. Der Schwerpunkt deines Buches liegt auf Gebeten, die erhört werden."

Deshalb will ich noch die Geschichte der Tochter meiner Cousine erzählen. Angela war ein goldblondes, fröhliches Kind von 7 Jahren, ein Sonnenstrahl und die Freude der ganzen Verwandtschaft. Eines Sonntags hielt sie sich bei ihren Großeltern auf. Während des Gottesdienstes in der Kirche legte sie ihren Kopf in den Schoß des Großvaters und beklagte sich über Halsschmerzen.

Am Mittagstisch stocherte Angela lustlos in ihrem Essen herum. Danach schien sie froh zu sein, im Bett ausruhen zu können. Onkel Jesse rief seinen Sohn und seine Schwiegertochter an, und sie beschloßen, Angela noch einen Tag bei ihren Großeltern zu lassen.

Als es dem Kind am Montagmorgen nicht besser ging, brachten sie sie zum Arzt. Die Krankenschwester maß ihre Temperatur und war erschrocken. Angelas Gesicht war blau angelaufen. Ein Arzt wurde herbeigerufen, der schnell feststellte, daß die Stimmritze in Angelas Kehle so dick angeschwollen war, daß sie Kehle und Luftröhre verschlossen hatte und das Atmen erschwerte.

Ein Luftröhrenschnitt wurde noch im Sprechzimmer des Arztes durchgeführt. Danach wurde sie eiligst ins Krankenhaus gefahren, wo ein Ärzteteam zwei Stunden lang operierte, um sie zu retten, während wir uns alle intensiv im Gebet vereinten.

Angela starb auf dem OP-Tisch. Als Todesursache stellte sich eine Epiglotitis als akute Bakterieninfektion heraus.

Onkel Jesse bestürmte Gott: „Wir können ohne dieses Kind nicht leben", jammerte er. „Sie war der Sonnenschein unseres Lebens — unser einziges Enkelkind."

Als ich die Nachricht hörte, fühlte ich mich wie jemand, der einen Tiefschlag bekommen hatte. Während ich in der Bibel nach Trost suchte, fand ich diesen Vers in Jesaja: „Der Gerechte ist umgekommen... und die frommen Leute sind dahingerafft, und niemand achtet darauf. Ja, der Gerechte ist weggerafft durch die Bosheit" (Jesaja 57, 1).

Es kann sein, daß Angelas Tod sie vor etwas Schlimmerem bewahrt hat, und dieser Gedanke war tröstlich. Ich mußte auch an die Geschichte mit Kindern in Markus 10 denken. Jesus sagte: „Lasset die Kinder zu mir kommen und wehret ihnen nicht; denn solcher ist das Reich Gottes." Auf Erden war Jesus erfreut darüber, die Kinder bei sich zu haben. Vielleicht bedeutet das auch für uns, wir sollten es ihm nicht verbieten oder ärgerlich über ihn sein, wenn er ein kleines Kind durch den Tod hinwegnimmt.

So wie eine Familie durch ein Kind gesegnet wird, so wird der Himmel durch Kinder noch herrlicher sein. Gott weiß sicherlich, wo seine Kinder am besten aufgehoben sind. Wir sollten seiner Fürsorge und seiner Weisheit vertrauen.

Gott ist mehr daran interessiert, mein Bedürfnis zu erfüllen als meinen Wunsch. Manchmal mag er wegen meiner Zudringlichkeit einen Wunsch erfüllen, ohne mein Bedürfnis auch nur anzurühren. Tante Gertrude rief mich ein paar Wochen nach Angelas Tod an. „Was soll ich bloß mit all der übriggebliebenen Liebe tun", fragte sie, „die ich für unsere einzige Enkelin hatte? Was sollen wir mit ihrem Pony, dem Setter, dem Schlafraum voller Spielsachen und schönen Kleidern tun?"

„Laß uns das zum Gebetsanliegen machen", schlug ich vor. „Vielleicht gibt es ein übriggebliebenes Kind, das all diese Dinge braucht."

Ein paar Tage später, an einem Sonntagmorgen, als die meisten Kinder im Fernsehen das Kinderprogramm anschauten, hörten Onkel Jesse und Tante Gertrude ein zartes Klopfen an der Tür. Sie öffneten und sahen ein kleines, zerbrechliches 8jähriges Mädchen mit langem braunen Haar, das wirr ihr Engelsgesicht und die beiden freundlichen Augen umrahmte. Sie hielten den Atem an, kniffen die Augen zusammen und dachten, es sei eine Fata Morgana: die Ähnlichkeit zu ihrer Enkelin Angela war, wenn man von der Haarfarbe absah, verblüffend, beinahe gespenstisch!

Weil sie sahen, daß sich das Kind durch mehr als 30 Zentimeter Schnee mit abgetragenen Turnschuhen hindurchgearbeitet hatte, luden sie es ein, herein zu kommen und seine Strümpfe zu trocknen.

„Ich bin Nancy. Ich möchte für euch singen. Kann ich dann für etwas Geld den Schnee von eurer Veranda schaufeln?" fragte sie.

Nachdem sie eine Tasse heißer Schokolade getrunken hatte, schaufelte Nancy Schnee und bekam Geld dafür. Sie bemerkte, daß Tante Gertrude Kuchen backte und bat, dableiben zu dürfen und zu helfen. Als sie feststellten, daß es dämmerte, machten sie ihr den Vorschlag, sie heimzufahren. Aber sie antwortete: „Ich liebe euch. Ich möchte nicht wieder von hier weggehen."

Sie riefen Nancys Mutter an und fragten um Erlaubnis, ob das Kind zum Essen dableiben dürfte, bis Angelas Eltern, die über den Tod ihres Kindes noch tief bekümmert waren, kämen. Während der Unterhaltung mit Nancys Mutter erfuhren sie, daß der Vater tot war und die Mutter mit Unterstützung der Sozialhilfe versuchte, zu Hause zu bleiben und, so gut sie konnte, die neunköpfige Familie zusammenzuhalten. Das älteste Kind war 14.

Als sie zu essen anfingen, schauten Angelas Eltern herein. Sie waren verwirrt, als sie Nancy dort sitzen sahen, wo Angela am Tisch zu sitzen pflegte.

Jetzt, Monate später, ist sie noch immer dort. Sie ist für beide Familien ein Ersatz für Angela geworden. Sie fanden heraus, daß sie sogar ein „übriggebliebenes Talent" hatte. Zu Tante Gertrudes Klavierbegleitung singt sie dieselben Lieder, die ihre Tochter sang, bevor sie zum College ging. Nancy sang vor kurzem sogar zwei Lieder in der Kirche. Einmal jede Woche geht sie nach Hause, um ihre sieben Brüder und Schwestern zu besuchen. Und jeden Sonntagmorgen lädt Tante Gertrude ihr Auto mit allen diesen 8 Kindern voll und nimmt sie mit zur Kirche.

Wenn eine „Angela" stirbt, wird es immer eine „Nancy" geben, die übriggebliebene Liebe benötigt. Angela wird nie sterben, solange eine Nancy gefunden werden kann. Die Liebe wird nie sterben, solange es Großeltern gibt wie meinen Onkel Jesse und Tante Gertrude.

Als mein erster Mann 1965 zur Herzoperation ins Krankenhaus eingeliefert wurde, kamen zwei Christen, um für ihn zu beten. Sie prophezeiten, er würde sich erholen und ein erfülltes Leben leben. Er starb im Krankenhaus, 36 Jahre alt.

Mit einem gebrochenen Herzen, aber offen für Gott, suchte ich anschließend nach einer Antwort in der Bibel.

Ich las: „Denn meine Gedanken sind nicht eure Gedanken, und eure Wege sind nicht meine Wege, spricht der Herr, sondern so viel der Himmel höher ist als die Erde, so sind auch meine Wege höher als eure Wege und meine Gedanken als eure Gedanken" (Jesaja 55, 8—9). Unsere Pläne sind zeitliche, menschliche Pläne; sein Programm gilt auf lange Sicht, ewig, ohne Ende.

Kürzlich bekam ich einen Brief von meiner ersten Schwiegermutter, Dorothy Upchurch. Mehr als 13 Jahre lang hatte sie mir gegenüber einen Groll gehegt, weil ich ihrem Sohn erlaubt hatte, die Herzoperation vornehmen zu lassen. Diese langen Jahre waren eine ständige Frage an Gott, warum er ihre aufrichtigen, mütterlichen Gebete nicht erhört und ihn geheilt hatte.

Der Brief lautete:

Liebe Betty,
zuerst, als Johnny starb, litt ich unter einem Schock der Enttäuschung. Viele Jahre war ich voll Kummer und Herzeleid. Ich fiel vor Gott nieder und betete ständig um eine persönliche Offenbarung von ihm. Er sollte mir sagen, wo John sei. Ich mußte Gewißheit haben. Ich glaubte, er war ein guter Mensch, der dich liebte und in die Kirche ging. Doch nur Gott kennt das Herz wirklich. Dann hatte ich einen Traum oder eine Vision. Ich weiß nicht, ob ich wach war oder schlief. Ich weiß nur, der Traum war von Gott und real. Ich sah eine große, ungeheure Menge von Menschen. Ich saß an einem prächtigen Tisch. Die Gäste des Festmahls, einschließlich mir, waren in einer Atmosphäre großer Freude, als ich plötzlich aus den Massen jubilierender Stimmen heraus eine Stimme erkannte, die ich überall erkennen würde, auf Erden oder im Himmel. Es war John. Er sprach nur ein Wort: „Mama!" Ich drehte mich um und sah ihn in jener großen, erlösten Schar von Heiligen, die feierlich in weiße Gewänder gekleidet waren, glänzend und glitzernd vom Licht des ewigen Lebens. Sein Gesicht strahlte. Ein sieghaftes Lächeln lag darauf.
Betty, jetzt kannst du sicher sein, daß ich glücklich bin in der Gewißheit, wo er sich befindet. Ich bete darum, daß wir alle, sein Vater und ich, zusammen mit seiner Schwester Helen und seinen Brüdern Stanley und Herschel vor dem Thron Gottes einst wieder mit ihm vereint sein werden.

In Liebe Deine Mutter Upchurch

Mutter Upchurch erhielt als Antwort auf ihr Gebet eine wundervolle Offenbarung.

Wir können jederzeit zur Bibel als der unfehlbaren Quelle der Hilfe zurückkehren. In dem Buch, das seinen Namen trägt, wird von Hiob geschrieben, daß er überhaupt nicht begriff, warum er durch so viele Trübsale gehen mußte: die Zerstörung seines Hauses, der Tod aller seiner Kinder, der Verlust seines Besitzes und der Verlust seiner Gesundheit. Doch er vertraute Gott und beugte sich ehrfürchtig davor, daß es eine Kluft gab zwischen den Dingen, die er verstand, und denen, die er nicht verstand. Schließlich belohnte Gott ihn und gab ihm doppelt soviel wie das, was er vorher besessen hatte.

Mein zweiter Ehemann Carl hat mir ein neues Verständnis vermittelt, scheinbar nicht erhörte Gebete besser zu verstehen. Er meint, daß man zu wenig von der „linken Hand Gottes" spricht. Gott hat zwei Hände, jedoch hören wir meist nur von einer, seiner rechten Hand, der Hand der Macht, die sofortige Hilfe und Bewahrung schenkt.

Der Druck zweier Hände wird gebraucht, um ein Gefäß zu formen. Zwei Hände werden gebraucht, um einen Mann oder eine Frau zu formen, die Gott besonders gebrauchen will. Wir wünschen uns Wunder. Gott möchte aber, daß wir das Wunder seiner beiden Hände sind. Wir wünschen uns Geistesgaben. Er aber möchte unseren Charakter formen. Wir wünschen Salbung. Er aber gibt uns Schmerz in dem Wissen, daß nichts Großes ohne Leiden hervorgebracht wird. Auch Jesus lernte Gehorsam durch Leiden. Wir wünschen Befreiung. Er aber unterwirft uns einem Schleifprozeß, um uns zu vollenden.

Gott hat zwei Hände: die rechte Hand, um Wunder zu tun, die linke, um zu formen. Beides sind seine Hände, beide vermitteln seine liebevolle Berührung.

Gott erhört jedes Gebet. Wir bekommen entweder die Antwort, die wir erbitten, oder die Antwort, die er wünscht.

Deshalb konnte Hiob sagen: „Der Herr hat's gegeben, der Herr hat's genommen. Der Name des Herrn sei gelobt." Hiob war überzeugt, daß sein Verlust nicht das Ergebnis von Torheit oder Sünde war. Er betete und erfuhr damals das gleiche, was auch wir heute erfahren können: Wenn Gott es ist, der nimmt, dann gibt er immer etwas dafür.

Während des Erlebnisses meines Todes stand ich in Gottes Gegenwart und war Zeuge eines Gebets in Form von pulsierenden Lichtstrahlen, die sich mit dem großen Licht im himmlischen Thronsaal vereinigten. Ich glaube an die Macht des Gebets. Seit damals, ob ich im Gebet stehe oder knie, fühle ich dieselbe Kraft und weiß, daß es keine unüberbrückbare Entfernung zwischen Erde und Himmel, keine Trennung von Mensch und Gott mehr gibt. Ich habe das andere Ende des Gebets gesehen. Wir können auf der Erde stehen und voll Zuversicht beten, in dem Glauben, daß die Erhörung kommen wird.